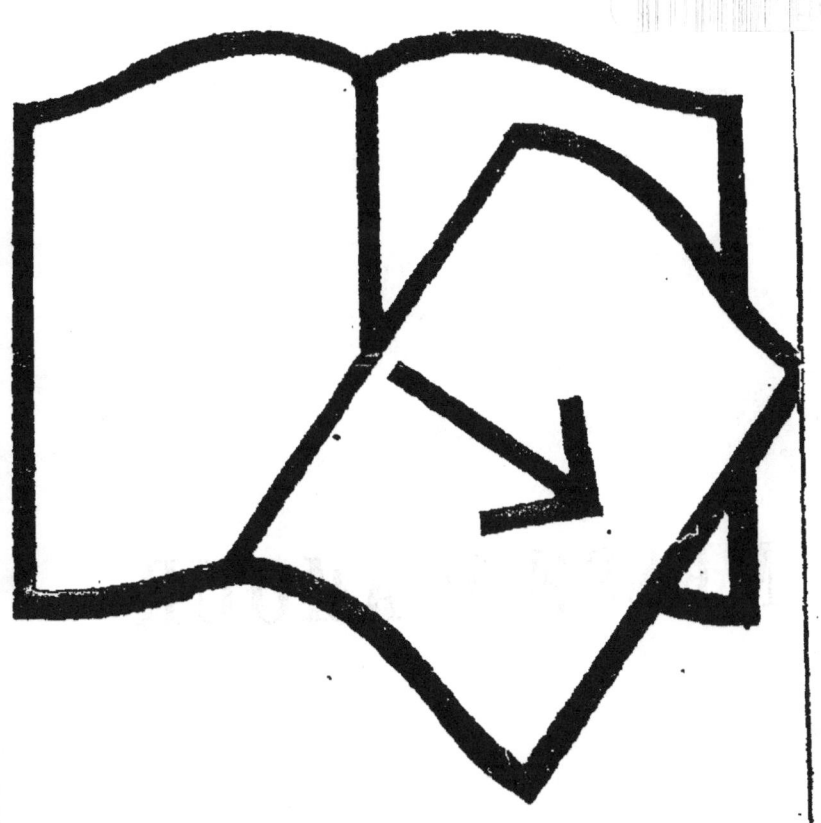

Couvertures supérieure et inférieure manquantes

LA
MESSE D'AMOUR

Châteauroux. — Typ. et Stéréotyp. A. MAJESTÉ.

SCÈNES DE LA VIE RELIGIEUSE

LA
MESSE D'AMOUR

PAR

L'Abbé X***

PARIS

E. DENTU, ÉDITEUR

LIBRAIRE DE LA SOCIÉTÉ DES GENS DE LETTRES

3, Place de Valois (Palais-Royal)

1889

Tous droits réservés.

PRÉFACE

Ce livre n'est pas un roman !

C'est le tableau fidèle des mœurs du clergé, et, pour dépeindre ces mœurs, je ne me suis même pas donné la peine d'inventer la fable qui sert de trame à ce récit, je n'ai eu qu'à regarder autour de moi et à copier...

Tous les personnages que je mets en scène ont vécu, plusieurs même sont encore de ce monde, et les faits que je raconte ne sont qu'un épisode de leur vie.

Le public ne se doute pas des immorales pratiques que la privation du mariage inspire peu à peu au prêtre !

Tous commencent par lutter, et presque tous finissent par succomber, aujourd'hui surtout que la foi n'existe plus chez eux.

Voyez ce qui se passe, lorsqu'un prêtre est traduit en cour d'assises ou en police correctionnelle, dix-neuf fois sur vingt on ordonne le huis-clos, ce qui n'aurait pas lieu, s'il ne s'agissait que d'une simple séduction, ou même d'un viol brutal...; mais le crime ou le délit sont d'ordinaire accompagnés d'actes tellement immoraux, de pratiques si obscènes, qu'on est obligé d'en interdire la connaissance aux assistants.

La privation du mariage et le confessional, voilà les deux pierres d'achoppement de la chasteté du prêtre.

Comment voudrait-on qu'il en fût autrement?

Bien nourri, bien vêtu, vivant dans un luxe relatif, exempt de soucis matériels et moraux, passant sa vie dans une oisiveté qui a l'air occupée, mais qui, en réalité, n'est, pour la plupart, qu'un perpétuel *far-niente*, entouré dès lors de toutes les circonstances qui poussent à l'excitation des sens, recevant dans le confessional l'aveu des plus tendres faiblesses, comme aussi des plus ignobles débauches, le prêtre ne peut rester chaste, et quand il n'est plus chaste, la facilité qu'il rencontre à satisfaire ses vices amène facilement chez lui la satiété, et la satiété le conduit au libertinage le plus effréné.

Il n'y a pas deux ans qu'en Vendée, trois femmes, la mère âgée de trente-quatre ans, et ses deux filles, âgées, l'une de quatorze, et l'autre de seize ans, sont venues raconter, devant la cour d'assises, toutes les ignominies de cette messe d'amour, que le curé de leur village offrait avec elles, tous quatre étant dans un état complet de nudité, l'état d'Adam et d'Ève avant la faute, l'état des anges dans le ciel, disait le cafard, pour gagner ses trois acolytes. « Du reste, ajoutait le satyre, à quoi servent les vêtements devant Dieu, est-ce qu'il ne voit pas notre corps aussi facilement qu'il lit dans nos âmes. »

Et les fanatiques bretonnes de croire qu'elles faisaient un acte méritoire.

N'est-ce pas d'hier qu'un procès devant le

tribunal de la Seine démontrait qu'un prêtre n'avait établi un orphelinat de jeunes filles que pour s'en faire un sérail.

Tous les jours les tribunaux retentissent de ces hauts faits, et encore la loi ne poursuit-elle les prêtres immoraux que comme les simples particuliers, c'est-à-dire quand il y a crime ou délit, et si les faits se sont accomplis sur des enfants âgés de moins de treize ans.

Jugez, dès lors, de la quantité de ceux qui échappent à la répression.

Je ne suis point dans les secrets de celui qui fut un des brillants orateurs de la chaire, mais je suis convaincu que dans la révolution tentée par le père Hyacinthe, au milieu de quelques discussions de dogme insignifiantes, destinées à voiler le fond du projet, l'idée du moine, en rétablissant le mariage des prêtres, était surtout de purifier les mœurs de l'Eglise, dont il connaissait trop bien les infamies et les hontes.

Et savez-vous pourquoi la tentative du dominicain a piteusement échouée? C'est parce qu'à part quelques esprits simples, abrutis dans le séminaire, le prêtre ne croit plus aujourd'hui aux mystères de son Église, le prêtre n'a plus la foi !.... et, dès lors, à quoi bon se donner le luxe d'une famille, le souci d'enfants à placer, et tout cela pour avoir une femme à soi, quand on peut tant en avoir qui appartiennent aux autres...

C'est cynique, mais c'est vrai ! une foule de mes collègues m'ont fait cette confidence, sous une forme plus ou moins gaie, plus ou moins adoucie...

Et alors, la plupart de ceux qui, à cette époque, avaient suivi le père Hyacinthe, et j'en étais, ont fait comme moi, ils sont rentrés un à un dans le giron de l'Église, pour retrouver le vivre et le couvert, car nous n'étions plus que des déclassés !

Déclassé, également, est aujourd'hui le pauvre père Loyson, ah ! s'il n'était pas marié... comme il se hâterait de nous imiter !

Où sont ces foules frémissantes qui encombraient Notre-Dame ? Où sont ces grands succès de parole ?.. *Quantum mutatus ab illo !*

Aujourd'hui, il n'a plus pour auditeur qu'une centaine de toqués, une douzaine de curieux, et quelques femmes nerveuses, à la salle du boulevard des Capucines.

Hé bien ! cette réforme des mœurs qu'on ne peut obtenir de Rome, il faut la tenter par l'opinion publique ; c'est pour cela que, dans une série d'études sur la vie religieuse, je dévoilerai tous les chancres moraux qui nous rongent, et, comme dit l'ecclésiaste, « je mettrai à nu toutes les plaies de mon corps... »

Peut-être alors le *Grand Infaillible*, lorsque des milliers de voix monteront jusqu'à lui, se décidera-t-il à porter le fer et le feu dans la gangrène qui ronge l'armée des robes noires, violettes et rouges, qu'il commande, au nom du Tout-Puissant, et à rétablir le mariage des prêtres !

Ce n'est pas en attaquant les dogmes qu'on purgera l'Église : qu'importe, lorsqu'on fait l'effort de croire à la *présence réelle*, d'y ajouter par dessus le marché l'Immaculée Conception de la Vierge, et l'Infaillibilité du Pape ?...

Ce sont les mœurs du clergé qu'il faut réformer..., et on n'y arrivera qu'en faisant du prêtre un père de famille.

Qu'on ne me taxe pas d'obscénité; les paroles n'ont ni couleur ni odeur, tout vient des mœurs que je signale, et puisse l'horreur qu'elles inspireront hâter la réforme que je réclame.

L'abbé X***.

SCÈNES DE LA VIE RELIGIEUSE

LA MESSE D'AMOUR

I

GERVAISIS ET PASTORET

Une grave solennité, la plus importante de l'année, peut-être, allait avoir lieu à St-Sulpice. L'archevêque de Paris, assisté de son coadjuteur, et d'un certain nombre d'évêques, préfets apostoliques, et autres dignitaires de l'Eglise romaine, venus de toutes les parties du monde, devait conférer l'ordination à une cinquantaine de jeunes lévites, qui avaient déjà franchi les degrés inférieurs de la hiérarchie ecclésiastique.

La plupart, avaient dépassé l'âge réglemen

taire de vingt-quatre ans accomplis, et plusieurs fois déjà, s'étaient retirés au moment de prononcer des vœux éternels.

A la minute suprême, où un pas fait en avant dans le sanctuaire les retranchait pour toujours de ce monde, dont ils pouvaient déjà entrevoir les séductions, ils avaient hésité! et, du consentement de leurs supérieurs, une nouvelle année avait été accordée à leurs méditations.

Les jeunes gens qu'abrite le Grand-Séminaire de St-Sulpice, peuvent se diviser en diverses catégories : dans la première, la plus nombreuse, sans contredit, se rangent tous ces pauvres diables, fils d'artisans, de cultivateurs, de gens peu fortunés, recrutés à grand peine, à droite et à gauche, et dont les frais d'éducation première sont en partie supportés par le budget de l'archevêché et des établissements religieux qui les recueillent. Intelligences médiocres et frustes pour la plupart, on a tôt fait de leur fausser l'esprit, à l'aide de cette scolastique religieuse, basée sur les mystères, c'est-à-dire sur l'absurde, qui est le fond même de l'enseignement clérical, et d'en faire de dociles instruments de la pensée supérieure qui les dirige. Ce sont les simples soldats de l'Église, esclaves à vie de l'autorité diocésaine, et qui ne s'aperçoivent de l'inanité de leurs formules et du vide de leurs croyances, que lorsqu'il n'est plus temps de revenir en arrière. La plupart d'entre eux, arrivent à la prêtrise en fanatiques sectaires, et le cerveau plein de rêves mystiques, qui remplacent dans ces jeunes têtes les élans de passion et d'amour, qu'une discipline habile est parvenue, pour un temps, à étouffer dans leur cœur.

Ils éprouvent d'abord d'âpres jouissances à offrir à leur Dieu cette compression de tout leur être et cette victoire passagère qu'ils croient avoir remportée sur la nature : mais tôt ou tard sonne l'heure du désenchantement, et alors, pour deux ou trois martyrs qui luttent contre la violence des passions, développées par une vie solitaire et oisive, l'exubérance de leur santé, et le dérèglement d'une imagition que ne vient point pondérer la satisfaction des sens, les autres deviennent des satyres de village, et se livrent à des orgies sans nom, dans le silence de leurs presbytères...; les Tribunaux ne retentissent malheureusement que trop de leurs exploits, et encore ne sont-ils poursuivis, que si leur lubricité blasée descend jusqu'à de criminels attentats.

Nous verrons bientôt comment ils glissent insensiblement sur la pente qui les conduit à la cour d'assises... quand, par hasard, ils sont découverts.

A côté de cette masse presqu'inconsciente au début, qui arrive à la prêtrise par la perversion systématique de la raison, et une sorte d'entraînement professionnel, dont le résultat est d'amener tous les cerveaux au même niveau intellectuel et moral, se place un certain nombre de jeunes séminaristes, aux aspirations élevées, à l'âme vive et ardente, qui, au sortir de l'enfance, ont commencé à vivre de l'idéal de la vie future, — prêts à tous les sacrifices, à toutes les abnégations, l'esprit et le cœur enivré de poésie céleste, imaginations tendres et rêveuses, un peu féminines, par certains côtés, ils forment au séminaire le clan des *mystiques*. C'est celui qui donne le plus d'inquiétude à ses supérieurs, car avec ces jeunes gens, on ne peut rien préjuger de l'avenir; au séminaire, dans le silence de leur cellule, ils vouent un culte extatique, auquel l'excitation des sens n'est pas toujours étrangère, à la vierge-mère, ou à telle sainte qui se rapproche de leur idéal, et qu'ils espèrent fermement rencontrer un jour au ciel.... Prêtres, dans la liberté de la vie séculière, à laquelle ils sont sans cesse mêlés, ils s'éprendront d'amour pour la première femme qui réalisera leur idéal, et débuteront par *l'union mystique* de *l'amour céleste*, pour finir par quelque scandaleux enlèvement. C'est cette classe de jeunes diacres qui fournit, plus tard, une bonne partie des déclassés du sacerdoce.

Après eux, vient la catégorie la moins nombreuse, celle des *réformateurs;* il y a de toutes espèces de tempéraments dans cette série, caractères sombres, esprits systématiques, partisans de Torquemada et petits-fils de Luther, sectaires de Loyola, autoritaires orgueilleux rêvant la soumission de la société civile, et philosophes égalitaires prétendant ramener le catholicisme à la simplicité de la primitive église, novateurs acharnés, ils renouvellent, dans la chaire du séminaire, les querelles d'Abaïlard et de Guillaume de Champaux, de Bossuet et de Fénelon, et rétifs à la discipline, les uns, dès qu'ils sont libres de la tutelle du cloître, vont jusqu'au bout, comme le père Hyacinthe, d'autres, au contraire, comme le père Didon, s'arrêtent sur les bords du fossé, et font amende honorable.

A titre exceptionnel, enfin, quelques jeunes gens, derniers représentants d'une tradition qui bat de l'aile, petits-fils de ducs et pairs, entrent au séminaire, alors que leurs aînés sont à l'armée, destinés par avance aux hautes dignités de l'Église. Ils coudoient, d'un suprême dédain, les fils de leurs fermiers, qui s'en iront desservir les chapelles de village, croient à tout, acceptent tout, sans même prendre la peine de discuter, et s'en vont, leurs vingt-quatre ans accomplis, avec un scepticisme souriant, recevoir l'ordination comme ils eussent reçu l'épaulette ; ils font alors leur stage, en attendant le camail violet, dans quelque aristocratique couvent de sœurs cloîtrées, où ils peuvent jeter leur gourme, jusqu'au jour où une liaison sérieuse avec une jeune et belle veuve de leur monde, puisse leur donner les douces joies d'un foyer *in partibus*.... et discret.

C'est ainsi que le monde se reflète dans l'Église, et que, dès le séminaire, on peut reconnaître ceux qui formeront, plus tard, la masse obéissante, c'est-à-dire le peuple, la bourgeoisie, les irréguliers, prédécesseurs des déclassés, et la noblesse.

Une bonne partie de ces jeunes gens, reconnaissent, arrivés à âge d'homme, qu'on les a trompés, ils n'ont plus la foi, de là ces hésitations, au moment de franchir le dernier pas, et ces tentatives que beaucoup d'entre eux font pour se créer une autre position ; la plupart reviennent désillusionnés de ce rude combat de la vie, où il est si difficile de se faire une place au soleil ; mais la vocation s'en est allée avec la croyance, et ils ne voient plus, dans le sacerdoce, qu'un moyen de vivre à l'abri des soucis matériels, dans un nid, qu'avec un peu d'habileté, ils peuvent rendre aussi moëlleux et aussi confortable que possible.

Quelles mœurs intimes peuvent sortir de là ? Surtout avec les longues veillées solitaires et oisives, et les perpétuelles excitations de cette école de libertinage sensuel et mystique, qu'on appelle le confessionnal ?

Le monde ne se doute guère du degré de névrose et de luxure raffinée auquel peut descendre un prêtre !

Insensés et orgueilleux lévites... Vous voulez lutter contre le plus impérieux et le plus saint des devoirs que la mère nature ait imposé à tous ses enfants, pour la perpétuité de son œuvre; vous vous croyez assez forts pour arracher de vos cœurs la loi de l'amour et de la reproduction, et vous ne faites que creuser l'abîme de dégradation morale, dans lequel vous finissez toujours par tomber.

Seul, un des vôtres pouvait écrire cette histoire de la décadence morale du sacerdoce due au célibat et au confessional, et puissent les pères, en lisant ces pages, éloigner leurs fils de ces casernes religieuses, qu'on appelle des séminaires, tristes réceptacles de vices mystiques et de passions contre nature....

Monseigneur de Paris allait donc procéder, avec la pompe accoutumée, à l'ordination de la fournée annuelle de jeunes diacres, décidés à recevoir le suprême sacrement; parmi ces derniers, se trouvait un jeune abbé du nom de Gervaisis, qui, par deux fois déjà, avait reculé, au moment de rompre le dernier lien qui le rattachait au monde.

Ses supérieurs l'avaient engagé à quitter la maison, pour tâter un peu de la vie séculière ; c'était, d'après eux, le meilleur moyen d'éprouver la sincérité de sa vocation ; si, après une année ou deux passées au dehors, sans quitter toutefois la livrée ecclésiastique, il revenait avec la ferme décision de s'engager dans la cohorte sacrée, ce serait la preuve évidente que la Providence, après l'avoir protégé contre l'esprit malin, daignerait l'admettre au nombre de ses élus.

Son directeur spirituel s'était employé lui-même, pour le faire entrer comme précepteur chez le baron de La Morlange, riche propriétaire qui passait l'hiver à Paris, et le reste de l'année dans ses terres du Dauphinois.

Le baron, quoique marié depuis dix ans environ, n'avait pas d'enfants ; dans son désespoir de voir son nom s'éteindre, il avait, du consentement de sa femme, et avec l'intention de l'adopter plus tard, pris chez lui un arrière-petit neveu, qui avait perdu son père et sa mère quelque temps après sa naissance. Le jeune Paul de La Morlange était issu de la même branche que le baron, et comme ce dernier était le plus proche parent qui lui restât, il y avait certitude légale que personne ne pourrait l'enlever plus tard à l'affection de ses bienfaiteurs.

La baronne était une superbe femme de vingt-six ans; d'une taille légèrement au-dessus de la moyenne, elle eût posé pour la Diane chasseresse, sans que le statuaire le plus exigeant ait pu trouver la moindre imperfection dans ce corps admirable que la nature semblait s'être épuisée à combler de ses perfections. Rien n'égalait la grâce et la suprême majesté de sa démarche; sa belle tête, qui possédait l'ovale et la régularité des beautés grecques, était couronnée par une opulente chevelure frisant naturellement, dont les reflets chatoyants semblaient faits d'or et de rayons de soleil; son front, sur lequel se jouait des centaines de petites mèches rebelles, avait le poli de l'ivoire, uni à la blanche pureté du marbre ; et sous ses sourcils, fièrement dessinés, brillaient de grands yeux d'un noir profond, tour à tour noyés de langueur, ou éclatants de passion contenue. Le nez et la bouche étaient d'un dessin irréprochable, et entre les lèvres rouges et sensuelles, s'égrenait un chapelet de dents blanches et nacrées ; mais ce que le pinceau de l'artiste le plus habile eût été impuissant à rendre, c'était l'admirable pureté de ligne du cou et des épaules, de la poitrine dont les seins rebondis ressemblaient à des mamelons de neige, au centre desquels eussent percé deux boutons de roses, des hanches onduleuses et lascives, supportées par des cuisses et des jambes que Canova aurait moulées pour son immortelle statue de la déesse de l'amour, de tout ce corps enfin, qui eût désespéré la critique d'un aréopage présidé par Raphaël. Et de même, l'enthousiasme lyrique du chantre inconnu du cantique des cantiques aurait pu seul célébrer les mystérieuses beautés du secret sanctuaire, où, pendant le sacrifice, s'épanchent au milieu des soupirs, les larmes de l'amour et de la fécondité !

Elle était si belle que le baron, un ancien viveur, de quinze ans plus âgé qu'elle, avait eu le caprice de passer dans un atelier de moulage toutes les matinées d'une de ses saisons d'hiver, à Paris, afin d'acquérir l'habileté de main nécessaire à la prise d'empreintes sur le nu, destinées à la reproduction exacte des formes humaines, et son premier soin, une fois expert en cet art, avait été de mouler l'admirable corps de la baronne qu'il avait ensuite fait reproduire en marbre blanc, par un des plus grands statuaires de l'époque. Il n'avait pas, bien entendu, poussé le cynisme jusqu'à modeler le visage, et s'était contenté d'un moulage pris sur une tête de Vénus grecque de grandeur naturelle, qu'il avait fait adapter au modèle par l'ouvrier chargé de réunir les diverses parties du moulage, et de couler en plâtre la statue qui devait servir de modèle pour la reproduction.

Cette fantaisie ne pouvait venir qu'à un être vicieux et blasé, heureux d'entendre les visiteurs et ses amis louanger les beautés cachées de sa femme, sous le couvert d'une déesse antique.

La baronne n'avait cédé qu'avec peine aux désirs de son mari, mais elle n'aurait pas été fille d'Ève, si elle ne s'était pas trouvée secrètement flattée de l'admiration que cette statue faisait naître dans l'esprit de tous ceux qui étaient admis à la contempler.

A part cette question d'orgueil, il y avait longtemps que M. de La Morlange n'était plus amoureux de sa femme et la délaissait même, au point de passer ses journées et une partie de ses nuits à son club, quand il était à Paris, et de faire de continuelles absences lorsque, le printemps venu, on quittait l'hôtel de la rue de Varennes pour la campagne.

C'est dans cette famille, qui néanmoins se targuait d'un catholicisme de bon ton, que l'abbé Gervaisis était entré pour faire l'éducation du jeune Paul, et au cas où il se déciderait, cette fois, à recevoir le sacrement de l'*ordre*, il avait été convenu qu'il ne quitterait point pour cela son élève.

Il était depuis près de deux ans dans la maison, et, eu égard aux habitudes de M. de La Morlange, vivait presque constamment seul avec la baronne et le jeune Paul. Sur quel pied se trouvait-il traité ? Quels étaient le tempérament de la baronne et la nature de leurs relations ? C'est ce que l'abbé Gervaisis ne tardera pas à nous apprendre lui-même.

Il avait obtenu de n'entrer en retraite à Saint-Sulpice, que huit jours avant la cérémonie de l'ordination, car il avait pris cette fois la résolution formelle de recevoir la prêtrise, y ayant été fortement engagé par M. de La Morlange et la baronne.

Le père adoptif du jeune Paul lui avait

même donné à entendre qu'il était nécessaire d'opposer ce titre sacré — simple pavillon destiné à couvrir la marchandise, avait-il dit cyniquement, — à la malveillance du monde qui commençait à trouver trop intimes les relations de la baronne avec un jeune précepteur de vingt-sept ans, qui persistait à ne point prononcer ses vœux définitifs.

— Après ! — avait ajouté le vieux libertin, — toutes les nobles vipères du noble faubourg, mettront autant d'acharnement à vous défendre, qu'elles éprouvent de maligne joie à vous attaquer aujourd'hui.

— Pourquoi *ne prenez-vous pas la messe*, avait dit à son tour la baronne, d'un ton rêveur, en fermant à demi ses grands yeux provoquants, il me semble que cela vous entourerait d'une auréole de poésie céleste, à laquelle peu de femmes sont indifférentes.

Etait-ce une avance... une promesse pour l'avenir? Il était impossible de le prévoir, car jamais Mme de La Morlange n'avait encouragé d'un mot, d'un regard, la passion de l'abbé Gervaisis, qui brûlait pour elle de l'amour le plus ardent et le plus profond.

Ces paroles de son idole avaient été un ordre pour lui, et de ce jour il s'était décidé à communiquer à ses supérieurs sa résolution bien arrêtée de se consacrer au service des autels.

Gervaisis était ce que l'on est convenu vulgairement d'appeler un beau mâle, grand, bien découplé, large d'épaules, velu comme un satyre, avec une forêt de cheveux noirs, bouclés autour d'un visage bronzé, aux reflets bleuâtres laissés par le rasoir, le profil régulier et fortement accusé, des dents blanches et bien plantées, une manière de torréador espagnol; tout en lui respirait la force, et cette brutale exubérance de vie, que certaines femmes préfèrent aux adonis qui soupirent en vers de mirlitons leurs élégiaques amours.

— Voilà un gaillard, murmuraient les ouvriers, en le voyant passer, à qui un sabre et une cuirasse iraient mieux que la soutane.

A la veille de rentrer à Saint-Sulpice, pour n'en sortir qu'avec la consécration définitive de l'église, Gervaisis se rendit chez un vicaire d'une paroisse excentrique de Paris, l'abbé Pastoret, qui était à peu près de son âge et son ancien condisciple au grand séminaire. Ce prêtre, type des vicaires du clergé parisien, le principal acteur de ce récit, mérite une mention spéciale.

Fils d'un concierge d'une de ces maisons confites en sainteté, dont on ne loue les chambres qu'à des ecclésiastiques, ou à des étudiants appartenant à une des nombreuses confréries chargées de drainer les laïques au profit de Rome, confréries du Sacré-Cœur, du Saint-Rosaire, de Vincent-de-Paul, des Sept-Douleurs, de Notre-Dame-de-Lourdes, etc. — chaque province a la sienne qu'elle affectionne plus particulièrement — le jeune Pastoret, qui faisait leurs courses, portait leurs lettres, et avait reçu d'eux les premières leçons de ce libertinage *biblique*, si fort en honneur dans les maisons d'éducation religieuse, avait compris de bonne heure la valeur de toutes ces hypocrisies conventionnelles, et s'était engagé dans les ordres, persuadé qu'il n'y avait pas de meilleur métier pour un homme intelligent, sans préjugé et ami des plaisirs.

Trois années, passées comme vicaire à Fontenay-aux-Roses, lui avaient donné la *pratique* qui lui manquait, et quand il arriva avec le même titre dans la banlieue de Paris, nul ne savait mieux que lui exploiter les riches et vaniteuses bourgeoises qui, habitant à proximité des usines de leurs maris, dépendaient de la paroisse à laquelle il était attaché.

— Dieu, Mesdames, leur disait-il — en prononçant *Mesdèmes*, avec une certaine affèterie, — Dieu vous a donné la grâce et la beauté pour ajouter un charme de plus aux aumônes que votre cœur dispense si libéralement aux malheureux... — Et ces dignes négociantes en alcool de pommes de terre rectifié, savons et bougies, sucre raffiné, pâtes alimentaires et pétrole épuré, en dehors des budgets de charité réguliers, que le galant abbé avait su leur imposer, se laissaient aller d'un billet de cinq cents ou de mille, en faveur d'une famille noble tombée dans la *panne* et supportant dignement sa secrète misère. Inutile de dire que ladite famille noble était représentée par une pièce de Saint-Émilion *première* à dix-huit cents francs la barrique; le fils du concierge n'en buvait jamais d'autre, ou un petit voyage en Suisse ou à Rome, dont il agrémentait son mois de vacances.

Ces dames ne pouvaient rien refuser à leur chérubin. Petit, blond, d'apparence délicate, quoique fort nerveux et d'une santé de fer, Pastoret était la vivante antithèse de son ami Gervaisis, sa figure imberbe avait conservé la grâce juvénile d'un éphèbe de dix-huit ans, et sa clientèle féminine avait pour lui des attentions toutes maternelles, on le bourrait littéralement de fines provisions, liqueur de la veuve Amphoux, chocolat des premières marques, pralines de pistache à la vanille, terrines de Périgueux, caisses de Marsala, etc.; en faisant ses provisions, on pensait également à celles de ce cher abbé : n'avait-il pas besoin de se soigner, de conserver cette voix charmante qui les berçait comme une mélodieuse caresse ? Il ne faudrait pas s'imaginer que ce soit chose facile, pour un jeune abbé, que de se faire ainsi une clientèle dévouée de matrones de trente-cinq à quarante ans *au plus*, car la femme qui a subi le retour, dont la fibre charnelle n'est plus susceptible de s'émouvoir, pour parler le langage des sacristies, n'est plus une femme, elle devient sèche de cœur, avare et soupçonneuse... Non ! ce serait rabaisser le mérite de Pastoret que de le croire ! Sans parler de la jalousie des collègues, et de la surveillance du curé, il y a cette inquisition incessante qui part de l'archevêché, et s'immisce dans tous les actes de la vie du jeune prêtre; or les supérieurs de ce dernier n'aiment point, au début de sa carrière, à lui savoir de trop grosses sommes d'argent en maniance, et cela pour une foule d'excellentes raisons : d'abord ils n'ignorent pas, de leur propre expérience, que cet argent ne va jamais à sa destination et n'est employé, en somme, qu'à satisfaire les besoins et les plaisirs du jeune vicaire, à moins qu'il ne s'agisse de quelque pauvre imbécile de fanatique, aux cheveux huileux et aux mains sales, ayant encore la foi, auquel cas, il n'y a pas de crainte à avoir, les grasses aumônes n'allant qu'aux mains blanches et parfumées, et aux douces paroles qui arrivent, toutes imprégnées d'iris et d'ambre, aux belles pénitentes, à travers la grille du confessionnal.

Puis cet argent habilement obtenu des riches parisiennes.... N'est-ce pas tout autant de soustrait aux caisses du curé, de l'archevêché, du denier de Saint-Pierre et autres..., le doyen s'en apercevait bien, lorsque faisant appel à la générosité d'une des riches habitantes de sa circonscription, cette dernière lui répondait avec le plus aimable sourire, en laissant tomber vingt francs dans les doigts ridés du vieux quémandeur.

— Excusez-moi, monsieur le curé, de vous donner si peu, pour le rachat des petits Chinois, mais j'ai eu cet hiver à soulager bien des misères dans notre propre quartier, par les soins de mon directeur spirituel.

Absolument vieux jeu, le rachat des petits Chinois, la propagation de la foi et les souffrances du pape sur la paille humide des cachots..., cela ne fait plus le sou...; il faut des attractions plus modernes, et l'abbé Pastoret, qui est de son temps, pendant tout cet hiver, a nourri, habillé, soutenu, quatre à cinq veuves d'officiers tués au Tonkin, dont la pension de retraite n'était pas encore liquidée...; cette administration française est d'une lenteur... et deux familles de hauts financiers ruinées par le krach !...

Voilà des misères bien modernes, et qui vont

de suite, droit au cœur.... Aussi, l'abbé Pastoret a-t-il fait rendre, à ce truc habile, une vingtaine de mille francs qui, ajoutés aux menues offrandes, à son casuel et à son modique traitement, lui permirent de mener cette année-là, une vie aussi confortable que luxueuse.

Appelé plusieurs fois à l'archevêché, sur les plaintes secrètes de son curé, Pastoret répondit avec audace, à toute demande d'explication.

— Tout ce que j'ai reçu a été employé à soulager de bien intéressantes infortunes que je n'ai connues que sous le sceau de la confession, je ne puis donc, sans manquer aux plus saints des engagements, et à la loi divine, faire connaître le nom des personnes qui ont recours à mon ministère sacré....

Il n'y avait rien à répondre ! Et après un sermon rempli de béate onction, sur le vœu de pauvreté, et les tentations qui assaillent la jeunesse, qu'il eut à subir de la part du *moniteur*, chargé de l'admonester, Pastoret s'en retourna triomphant, certain qu'on le laisserait dorénavant tranquille.

Il avait su, dans l'entretien qu'il venait d'avoir, donner une haute idée de sa valeur et faire comprendre du premier coup qu'on ne gagnerait rien à lutter avec lui. Le premier grand vicaire, homme énergique et autoritaire, voulait briser de suite cette résistance, et envoyer Pastoret à la campagne, sous les ordres de quelque curé à idées étroites et têtu, qui eût resserré les écarts de sa jeune ambition..., mais Monseigneur avait reculé. « Les scandales sont aujourd'hui si si communs dans l'Église, avait-il dit en soupirant; s'il allait refuser d'obéir? » Et l'affaire en était restée là.

La seconde aventure de Pastoret, beaucoup plus grave, n'était pas encore terminée.

Une belle jeune fille, appartenant à une opulente famille, vint, un soir de carême, se confesser à lui; après de longues hésitations, elle finit par s'accuser d'éprouver une ardente passion pour un prêtre qu'elle se refusa tout d'abord à nommer... C'est en vain qu'elle avait lutté contre cet amour, prières, jeûnes, pénitences, rien n'y avait fait et à bout de forces, elle avait fini par prendre le parti de s'en ouvrir à l'objet même de son coupable entraînement. C'est ce que Pastoret comprit immédiatement, sans que son nom eût été prononcé dans l'entretien qu'il avait eu avec la belle enfant.

On doit comprendre dans quel état d'exaltation sensuelle le jeta cette déclaration, accompagnée de larmes et de soupirs passionnés. Comme tous les tempéraments qui s'excitent constamment l'imagination par des rêves lubriques, Pastoret était déjà un raffiné de débauche, il jugea l'occasion bonne pour expérimenter à son compte une des plus dégoûtantes inventions de la luxure cléricale, appelée la *Messe d'amour* dans le langage des saturnales lévitiques.

Les mœurs du clergé sont recouvertes d'un voile d'hypocrisie si habile, que, malgré les cours d'assises et la police correctionnelle, qui viennent de temps à autre nous en révéler les horreurs, le monde est toujours prêt à crier à la calomnie lorsqu'on veut faire descendre tous ces monstres dans l'ordre moral, du piédestal de sainteté qu'ils se sont élevé de leurs propres mains.

La justice, ce que beaucoup de gens ignorent, ne poursuit chez le prêtre, ni la séduction des femmes et des filles, ni les actes de la débauche la plus éhontée, tant que ce dernier ne s'adresse pas à des petites filles, à de jeunes garçons, et s'abstient de commettre des actes de violence ou des attentats à la pudeur; on peut, dès lors, par le nombre relativement considérable de prêtres qui finissent par échouer devant les tribunaux, juger de la quantité de ceux qui se bornent à violer leurs vœux de chasteté, ou à se livrer à des actes d'immoralité que la répression n'atteint pas.

Sans compter que beaucoup échappent au châtiment, soit par la connivence de ceux qui devraient les poursuivre, soit par le silence des parents des jeunes victimes, qui reculent les uns devant le scandale qui rejaillit sur leurs propres filles, dont l'avenir est compromis par la publicité donnée à l'affaire ; les autres, en présence du tort que peut faire à la religion la chute d'un de ses membres.

Sans doute, il y a de bons prêtres, mais que le nombre en est petit sous le rapport de la moralité !

Un jour, un vieux curé âgé de soixante-douze ans, légèrement ému par un bon repas, me dit à ce sujet : « — Mon cher enfant, je n'ai pas à me reprocher, à mon âge, d'avoir, au cours de mon long ministère, séduit une femme ou une jeune fille, je n'ai même pas cédé aux veuves et aux femmes mariées sans enfants qui, dans ma jeunesse, se jetaient à ma tête au confessionnal, car ce sont les plus enragées ; j'ai toujours tenu à donner l'exemple dans ma paroisse, c'est ce qui m'a sauvé, mais que de combats, que de luttes cruelles où, vingt fois, j'ai été prêt à succomber, j'avoue que je serais incapable de recommencer cette existence...

Et cependant, ce prêtre, le meilleur que j'aie connu, ne se targuait pas de n'avoir jamais violé son vœu de chasteté, la chose étant à peu près impossible, seulement ne voulant pas porter le désordre dans les maisons de ses paroissiens, il s'était contenté de sa gouvernante, jeune veuve de trente ans, qu'il avait prise à son service, lorsqu'il fut promu à sa première cure, et qui, depuis, ne l'avait plus quitté.

Le confessionnal! voilà la pierre d'achoppement de la prêtrise; comment voulez-vous qu'un homme robuste, brillant de santé, jeune, passionné, car nul n'est maître de son tempérament, puisse rester insensible aux confidences de femmes jeunes, belles, ardentes, qui viennent lui avouer qu'elles éprouvent des tentations charnelles, auxquelles elles craignent de ne pouvoir résister, et c'est tous les jours que les jeunes prêtres reçoivent de pareils aveux.

Neuf fois sur dix, la conséquence de ce fait se traduit par un échange de conversations lubriques, qui préludent à la chute de la femme et du prêtre, et cela par la faute même des casuistes de l'Église qui ont prévu et tracé d'avance toutes les questions qui doivent être, en pareil cas, adressées aux femmes pendant la confession.

En voici un spécimen absolument pris sur le vif.

— Mon père, je m'accuse d'éprouver des désirs.., des tentations contraires à mes devoirs.

— Expliquez-vous plus clairement, ma fille, que je sache de quelle nature sont ces désirs répréhensibles.

— Mon père, depuis que j'ai perdu mon mari, je me sens, à de certains moments, absolument dominée par des pensées contraires à la pudeur.

— Sont-ce de simples pensées impudiques ?

— Je vous l'ai dit, mon père,... à ces pensées, succèdent de violentes tentations.

— Y avez-vous succombé ?

— Heureusement non, mais je crains bien, si la grâce du ciel ne m'assiste, de ne pouvoir rester, longtemps encore, digne de ma propre estime et de celle du monde!

A ce moment, si la pénitente est laide et d'âge mur, le confesseur la sermonne durement, la menace des foudres de l'enfer et finit par l'engager à se remarier pour éviter de tomber dans le péché d'impureté.

Qu'elle soit jeune et jolie, et la conversation continue de la manière suivante :

— Laissez-moi vous interroger, ma fille, c'est l'ordre de notre sainte mère l'Eglise, car il est nécessaire, pour porter remède, de connaître la profondeur des racines jetées par le mal... Il faut me répondre avec une entière franchise, car il n'est pas de péché plus grand que celui de tromper son confesseur.

— Je m'y emploierai, mon père.

— Vos désirs se sont-ils portés sur tel ou tel homme?

— Pas encore, mon père.

— Avez-vous des songes obscènes?

— D'une voix faible. — Oui, mon père!

— Quels sont-ils ?

— Je ne sais..., je n'ose..., balbutie la pénitente avec un trouble qui remue délicieusement l'âme du confesseur.

— Ne vous troublez pas, Madame, reprend le confesseur d'une voix onctueuse, le sage, dit l'Écriture, pèche sept fois par jour, bien audacieux serait celui qui oserait se vanter de n'avoir jamais, ni par pensée, ni en songe, blessé la pudeur... Allons, je vais vous aider, l'aveu vous deviendra plus facile ; les pères de l'Eglise, qui connaissaient la nature humaine, ont précisé eux-mêmes toutes les questions que nous devons vous poser, en cette circonstance, êtes-vous prête à me répondre en toute sincérité ?

— Oui, mon père.

— N'avez-vous pas rêvé, par exemple, qu'une personne de l'autre sexe, vous pressait dans ses bras, et jouissait de vous ?

— Oui mon père, — plus faiblement encore.

— Y preniez-vous plaisir ?

— Oui, mon père.

— N'est-ce point, dans ce cas, l'excès même du plaisir qui vous réveillait?

— Oui, mon père.

— Et une fois tirée de votre sommeil, n'avez-vous pas regretté que la chose n'ait point eu une plus longue durée?

— Avec un léger soupir de honte — Oui, mon père!

— N'auriez-vous même pas cherché à vous rendormir, en entretenant votre esprit dans ces idées, afin de recommencer ou de continuer votre songe interrompu?

Presqu'un murmure : — Oui, mon père.

— C'est là seulement qu'est le péché, ma chère fille; car nul n'est responsable de la direction involontaire que prend l'esprit pendant le sommeil... Je continue, car j'ai beaucoup d'autres choses à vous demander. N'avez-vous point cherché à calmer vos excitations charnelles par des moyens factices, à l'aide d'attouchements manuels, par exemple?

— Non ou oui, selon les cas.

— N'avez-vous jamais éprouvé de secrètes attractions pour des personnes du même sexe que vous, et ne vous êtes-vous point fait de mutuelles carresses, soit avec la main, soit avec la bouche?

— Non, ou oui, encore, selon les circonstances.

Si c'est oui, le confesseur entre alors dans des détails tellement obscènes, que, malgré mon culte pour la vérité, ma plume se refuse à les transcrire ici.

Enfin, une dernière question est adressée à la pénitente, et, avant de la faire connaître, j'engage les incrédules ou ceux qui m'accuseraient de calomnie, à consulter la théologie du révérend père Moullet, revêtue de toutes les approbations ecclésiastiques, et classique dans les séminaires, chapitre *Des instructions aux jeunes prêtres pour la confession.*

Après avoir épuisé la liste de toutes les obscénités et questions ignobles, que le révérend père recommande, et qui ne seraient bien comprises que dans un mauvais lieu, le confesseur termine enfin par celle-ci, qui est le couronnement :

— Ne vous êtes-vous jamais laissé entraîner, ma fille, à chercher la satisfaction de vos appétits dans des relations charnelles avec des animaux ?...

Tirons un voile et concluons.

C'est dans le confessionnal que commencent toujours, à peu d'exceptions près, les relations du prêtre et de la femme, et, comme on le voit, au lieu de propos d'amour, ce sont de tristes ordures qu'ils échangent. Il n'y a donc rien d'étonnant à ce que ces relations, quand elles se nouent, soient la reproduction en action de ces entretiens. Est-ce que quelque chose d'idéal, de délicat peut exister entre ces deux êtres, qui ont commencé, le confesseur, du moins, par épuiser en entier le lexique de la plus crapuleuse débauche.

Il faut que le lecteur le comprenne bien ! si

j'entre dans tous ces détails, c'est afin de prouver que cette passion délicate et charmante, que nous appelons l'amour, avec ce doux émoi de deux cœurs qui se sentent attirés l'un vers l'autre, qui remplit l'âme d'une douce ivresse et que tous les poëtes ont chantée, ne saurait exister entre le prêtre et la femme. La jeune fille qui cède à son amant, la femme adultère même, qui souille le lit conjugal, peuvent toujours, pour atténuer leur faute, invoquer la grâce pleine d'attraits et le charme enivrant avec lesquels leur séducteur a su dépeindre sa *flamme....* Mais voyez-vous bien ce prêtre qui débute auprès de la jeune fille ou de la femme, en lui demandant si elles se font des *attouchements manuels,* ou si elles se sont livrées à des actes immoraux avec des personnes de leur sexe? Est-ce que d'aussi obscènes questions ne suffisent pas pour flétrir cette fleur d'amour, si délicate, qu'un rien la dessèche pour toujours?

Et puis, n'y a-t-il pas, entre ces deux êtres, le

prêtre et sa maîtresse, un instinctif et invincible mépris qui ne permet pas à l'amour de germer? Le prêtre se méprise lui-même secrètement, parce qu'il manque à son vœu le plus sacré, au seul vœu même qui entoure son front de quelque auréole. La femme, plus délicate encore, le méprise pour les mêmes raisons et se méprise elle-même, parce qu'elle se donne à un prêtre. Or, si l'amour ne saurait exister entre eux, qu'est-ce qui peut les réunir?

Ce sont tout simplement deux appétits qui se rencontrent brutalement pour se satisfaire, ainsi que deux cerfs en rut, qui se précipitent l'un sur l'autre dans les halliers de la forêt : et, comme rien d'élevé, de poétique, ne vient alimenter cette flamme, le prêtre, et la femme qui se donne à lui, épuisent peu à peu jusqu'à la lie, la coupe exagérée des plaisirs.

Il faut ensuite à ces blasés de la chair, des excitations toujours nouvelles ; après avoir commencé comme les héros de Boccace, ils finissent comme ceux de l'Arétin. Quelques-uns même en arrivent, pour fouetter leurs sens émaciés, à ne pas même reculer devant le crime, et à souiller, de leurs embrassements immondes, les petites filles et les jeunes garçons, auxquels ils sont chargés d'enseigner la vertu et le devoir.....

Ces réflexions préliminaires étaient absolument nécessaires pour faire comprendre aux lecteurs par quel concours de circonstances le prêtre descendait fatalement la pente du vice et de la débauche.

Les faits exposés dans leur brutale nudité n'en paraîtront, certes, pas moins immoraux, mais ils seront ainsi, par avance, expliqués dans leur origine, dans leur source, et tout homme qui voudra un peu réfléchir sur les faiblesses de l'humaine nature, et les conséquences forcées de telle ou telle direction intellectuelle et morale, comprendra que le célibat des prêtres et le confessionnal, qui livre à ces derniers cet être si fragile, si capricieux, si facilement impressionnable qu'on appelle la femme, ne pouvaient produire d'autres résultats que ceux que je viens d'indiquer, et l'histoire de Gervaisis et de Pastoret ne lui paraîtra plus une invention malsaine de l'auteur, ou une exception dans la caste sacerdotale. Après avoir porté pendant vingt ans la livrée de Rome, je puis affirmer que ce sont bien là les mœurs des deux tiers des membres du clergé... et, chose triste à dire, alors que c'est par centaines que se comptent, chaque année, les prêtres catholiques condamnés, ou en fuite, pour cause d'immoralité, on ne pourrait citer, soit en France, soit dans les pays protestants, un *seul* pasteur poursuivi pour des faits de séduction ou d'outrage aux mœurs.

Les hommes sont les mêmes partout, mais les protestants ont eu le bon esprit d'abolir et le célibat des prêtres, et le confessionnal, ces deux grandes causes de la décadence morale de notre clergé........

Je reviens à la situation de l'abbé Pastoret, au moment où Gervaisis allait le consulter sur la grave décision qu'il venait de prendre.

Le jeune vicaire était trop habile pour ne pas comprendre que cette belle fille qui venait se jeter à sa tête — nous la nommerons Madeleine, pour la facilité de ce récit, — était une imagination ardente, assoiffée d'idéal, qui voyait en lui une sorte d'archange pourvu de toutes les grâces de la terre et du ciel. Dans cette situation, les moyens ordinaires du confessionnal n'étaient point de mise, et les questions obscènes, qui agissaient comme un coup de fouet sur les sens des femmes déjà habituées aux jouissances charnelles, eussent produit un effet tout différent sur l'âme d'une jeune fille qui habitait encore un corps de vierge.

Aussi Pastoret avait-il usé, pour dominer cette intelligence exaltée mais naïve, d'un stratagème renouvelé du jésuite Girard avec la belle Cadière : après avoir argué de son vœu de chasteté, qui ne lui permettait pas de se laisser aller à l'amour profond qu'il prétendait également éprouver pour elle, le jeune abbé, à la suite d'une série de conversations mysticoreligieuses avec la belle Madeleine, toujours sous le couvert du confessionnal, destinées à la préparer à seconder ses desseins, avait fini par lui proposer de s'unir à lui, par les liens *séraphiques d'un mariage céleste.*

Ce genre d'union est fort en usage dans le clergé de Paris, entre les jeunes vicaires et les toutes jeunes filles, à l'âge où étant encore dans la fraîcheur de leurs croyances religieuses, les naïves enfants commencent cependant à sentir leur jeune cœur palpiter pour des affections plus positives. On n'échange point des anneaux, mais de petits bracelets d'argent, que les jeunes filles portent ostensiblement à leur poignet gauche, et les vicaires au même bras, mais au-dessus du coude. Sur ces bracelets sont gravées les paroles suivantes : « Union devant le Seigneur, dans l'éternité future. »

C'est-à-dire que l'union doit rester purement spirituelle sur la terre, et ne devenir effective que dans le ciel.

Ce sont deux âmes, qui se sont choisies

d'avance, pour vivre plus tard ensemble dans la Jérusalem céleste.

J'ai connu des mères qui toléraient ce dévergondage d'imagination, et recevaient même chez elles l'époux céleste de leur fille.

Au bout de quelques mois ou d'une année au plus, il est vrai, de ce badinage mystique, les jeunes filles oublient en général leur trop séraphique époux, pour en choisir un de consistance plus solide, et deviennent heureusement de bonnes mères de famille, qui n'ont en rien à rougir de ce souvenir, car la surveillance éclairée des parents, qu'ils l'aient su ou ignoré, a toujours empêché toute fréquentation qui eût pu devenir dangereuse, entre les *fiancés célestes*. Mais il en est par exception qui ont résisté de toutes leurs forces au mariage, pour ne point violer la foi jurée à leur platonique époux, et qui ont fini par entrer au couvent, après avoir abreuvé leurs parents de chagrins.

D'autres enfin ont succombé à une séduction habilement conduite, et sont devenues la proie des débauchés mystiques, qui les avaient attirées dans leurs filets.

C'est de cette sorte d'union que Pastoret s'était servi pour achever de perdre la jeune Madeleine. Lorsqu'il lui avait proposé ce mariage céleste, le cœur de la belle fille avait bondi de joie ; mais il s'était bien gardé de lui dire que la consommation de cette union spirituelle n'aurait lieu qu'au ciel, afin de laisser son imagination vagabonder à loisir sur les suites de l'acte que tous deux venaient d'accomplir. Il lui avait seulement laissé entrevoir qu'une cérémonie ultérieure était nécessaire, pour que leurs liens devinssent à tout jamais indissolubles..... Puis, paraissant céder aux sollicitations de la jeune fille, dont l'esprit ardent n'avait plus eu de paix qu'il ne fût renseigné à cet égard, il avait fini par lui avouer un beau jour qu'il fallait, comme consécration de leur mariage céleste, qu'il put dire la messe seul avec elle, dans un lieu éloigné de tous les regards indiscrets.

On doit penser si l'imagination ardente de

Madeleine se mit en travail sur cette question. Chaque fois qu'elle revint à confesse, et elle avait pris l'habitude pour cela de communier tous les dimanches, elle insista pour que l'abbé Pastoret trouvât au plus tôt le lieu si désiré, promettant de se rendre libre quand il le faudrait, pendant quelques heures, grâce à la connivence de sa femme de chambre.

Mais Pastoret avait encore à la préparer aux obscènes pratiques qu'il méditait, et chaque fois il lui répondait:

— Vous ne m'aimez pas assez pour accepter dans toute leur angélique pureté les cérémonies obligatoires de cette Messe céleste, que Dieu lui-même avait enseignée à Adam, — qui fut le premier prêtre comme il fut le premier homme, — avant la faute, et, depuis, ses descendants n'ont plus le droit d'accomplir ce grand sacrifice, image de la procréation universelle, que dans des cas d'une imposante gravité.

— Je ne vous aime pas assez! répondait Madeleine, arrivée au paroxysme de l'exaltation, et que vous faut-il donc ? Je m'abandonne à vous toute entière ; enseignez-moi, guidez-moi, faites de moi ce que vous voudrez.

Et Pastoret s'applaudissait de ses manœuvres, prévoyant que le moment approchait où il pourrait révéler à sa jeune pénitente ses luxurieuses pensées, et les lui faire accepter avec une abnégation enthousiaste. C'était pour aplanir la route, qu'il avait parlé du sacrifice offert par Adam avant la faute, car la situation qu'avaient alors le premier homme et sa femme dans le Paradis Terrestre éveillait immanquablement l'idée de nudité et préparait la jeune fille à recevoir, sans trop de surprise, les lubriques propositions qu'il se proposait de lui faire bientôt.

Madeleine avait, à cette époque, dix-sept ans; elle était belle dans toute l'acception du mot : un visage régulier et gracieux, surmonté d'admirables cheveux noirs qui crêpelaient naturellement, un corps potelé et bien fait, une ferme poitrine de vierge, et, ce qui est rare chez les brunes, une peau éblouissante d'une blancheur nacrée. Tous ces attraits contribuaient à former un ensemble charmant, digne d'inspirer à un honnête homme une passion honnête et avouable.

Et tout cela devait-il donc tomber aux mains d'un prêtre lascif et débauché ?

Sur ces entrefaites, un excellent parti, un parti de son monde se présenta pour Madeleine : elle échangeait son titre de comtesse contre celui de marquise ; la fortune était belle et à peu près égale des deux parts ; le prétendant était un fort beau cavalier de vingt-cinq ans, bien supérieur physiquement à Pastoret, et les parents, enchantés, avaient bien accueilli les propositions qui leur avaient été faites par un ami de la famille.

Madeleine, prévenue, jeta les hauts cris ; elle n'avait aucune disposition pour le mariage ; n'était-elle pas, du reste, trop jeune encore pour y songer ; on voulait donc la chasser de la maison paternelle, où elle se trouvait si bien, et cent autres raisons dont son père n'hésita pas à lui montrer l'inanité. Rien n'y fit, la jeune fille persista dans sa résolution.

Elle était d'une piété exaltée, et la comtesse, sa mère, songea à faire intervenir la haute autorité de Monseigneur. Avant de parler à Madeleine, ce dernier voulut savoir quel était son directeur spirituel.

— L'abbé Pastoret, lui fut-il répondu.

Monseigneur fronça le sourcil : une fille de dix-sept ans dirigée par un abbé de vingt-huit ; il comprit de suite qu'il devait y avoir quelque chose sous roche, car il connaissait le sujet, et il n'était pas naturel qu'un enfant de dix-sept ans montrât une pareille répugnance, non point précisément contre le futur qu'on lui présentait, mais contre le mariage lui-même.

Toutefois, il ne laissa rien paraître dans l'intérêt de la religion, se réservant de faire appeler Pastoret et de savoir par lui-même à quoi s'en tenir.

Le jeune vicaire, à l'inverse de ce qu'il s'était

montré la première fois, parut tout sucre et tout miel, fit l'ignorant en affirmant sur l'honneur qu'il avait à peine remarqué la jeune personne dont il s'agissait, au milieu du grand nombre de pénitentes qui s'adressaient à lui, et, finalement, sortit de chez l'archevêque blanc comme neige.

Monseigneur fut enchanté de lui, de sa condescendance envers ses supérieurs, de son humilité même, car l'hypocrite avait joué tous les rôles ; il en parla le soir à ses grands vicaires, en leur disant :

— C'est un sujet qui s'est fort amendé ; il s'est assoupli dans l'exercice du saint ministère, et je commence à croire qu'il fera honneur à l'Eglise, car il est très intelligent et animé des meilleures intentions.

— Dieu vous entende, Monseigneur, avait répondu le premier grand vicaire, qui ne partageait pas les illusions de son maître, et il s'était abstenu de plus amples réflexions pour ne pas l'indisposer, mais se promettant bien de faire surveiller plus étroitement encore ce Pastoret, qui ne lui disait rien qui vaille.

Le vicaire, de son côté, était bien décidé à ne pas renoncer à l'intrigue qu'il avait si bien nouée : à force de voir Madeleine tous les samedis soir à son confessionnal, de sentir son haleine embaumée lui caresser le visage à travers le grillage qui les séparait, il avait fini, lui aussi, par se monter l'imagination, au point de ne reculer devant aucun obstacle pour atteindre son but.

C'était le jour même d'un de ces rendez-vous que Monseigneur l'avait fait appeler ; aussi le soir annonça-t-il à la jeune fille que le samedi suivant il lui ferait connaître les conditions de ce sacrifice si grand, si au-dessus des choses de la terre, que Dieu et les anges s'en réjouissent dans le ciel lorsqu'il est offert par deux cœurs purs et vierges de toute souillure charnelle.

— C'est, ajouta-t-il en terminant, le plus grand et le plus sublime des mystères ; par lui l'amour, ce don céleste, descendit sur la terre dans le premier baiser qu'Ève reçut d'Adam, avant qu'elle l'eût obligé de désobéir au Seigneur ; mais chassés du Paradis de délices, ils conservèrent comme consolation le souvenir sacré de cette heure bénie, qui les avait ravis jusqu'aux cieux. Samedi, je saurai si vous êtes de taille à vous élever au-dessus des préjugés de ce monde, et à comprendre la grandeur du sacrifice auquel vous serez initiée.

— Je serai prête, répondit Madeleine, dont le cœur battait avec violence ; mais je ne pourrai prendre que la nuit les heures de liberté qui, m'avez-vous dit, nous seront nécessaires pour la consécration de notre union spirituelle.

A ces paroles, Pastoret sentit son sang lui envahir le cerveau et les tempes lui battre à tout rompre ; dans sa pensée, après l'explication qui devait avoir lieu, il voulait laisser à la jeune fille le temps de la réflexion, persuadé qu'elle finirait par consentir à tout, et voilà que d'elle-même, elle abrégeait les longueurs d'une attente que ses sens commençaient à trouver intolérables..... Dans huit jours, il allait presser ce corps frais et délicat entre ses bras, aspirer avec volupté, sur ces lèvres parfumées, toutes les ivresses d'un amour partagé. Ce fut donc avec un tremblement dans la voix qu'il ne parvint pas à vaincre, qu'il répondit, après quelques instants de silence.

— Eh quoi! vous pourriez déjà.....

— Toutes mes mesures sont prises, répondit Madeleine avec une exaltation fébrile; depuis longtemps, j'ai gagné ma femme de chambre, et quand tout reposera dans l'hôtel, sur les minuit ou une heure du matin, nous nous échapperons par une petite porte du jardin dont j'ai la clef, et si vous voulez bien vous trouver là avec une voiture, je vous suivrai partout où il vous plaira de me conduire.

— A samedi donc, murmura-t-il avec une croissante émotion; je vous attendrai d'abord ici à l'heure accoutumée, car il faut que vous connaissiez la grandeur du sacrifice que j'ai à vous demander.

— Je vous ai déjà dit, ô mon fiancé bien-aimé, que j'étais à vous corps et âme, fit Madeleine avec une fougue amoureuse qui fit tressaillir de nouveau le jeune vicaire... Que pouvez-vous me demander qui ne soit déjà à vous, tout à vous, rien qu'à vous ?

Et après avoir introduit à travers le grillage le bout de ses doigts délicats, que Pastoret couvrit de baisers brûlants, elle s'était levée et avait quitté l'église, suivie de sa femme de chambre, qui l'attendait chaque fois, à quelques pas du confessionnal.

En rentrant chez lui, rue de Vaugirard, l'abbé trouva son camarade Gervaisis, qui venait s'entretenir avec lui du parti auquel il s'était définitivement arrêté.

Pastoret possédait là un petit appartement de cinq pièces, composé d'une chambre à coucher, un salon, une salle à manger, un cabinet de travail et une salle de bains. Garni de tentures et de moelleux tapis, le tout était aussi élégant, aussi coquet, que le nid parfumé d'une belle mondaine.

Cet appartement était situé au premier d'un charmant petit hôtel appartenant à une riche dévote, qui ne s'était réservée que le rez-de-chaussée, moins une pièce louée également à Pastoret pour en faire une sorte de parloir destiné, prétendait-il, à recevoir ses pauvres et les étrangers qui désiraient lui parler. Il y avait, en réalité, fait installer un modeste lit de fer, une table, des chaises, un prie-Dieu et une petite bibliothèque d'ouvrages religieux, et pour tous les profanes comme pour ses supérieurs, il ne possédait pas d'autre logement.

La supercherie était d'autant plus facile à accréditer, que la propriétaire de l'hôtel, femme âgée et casanière, habitait un superbe château qu'elle avait en Bourgogne, et ne venait presque jamais à Paris ; elle ne pouvait, par conséquent, donner aucun renseignement contradictoire aux dires de Pastoret, qu'elle affectionnait du reste beaucoup.

Le jeune abbé était donc seul dans la maison et libre d'y vivre à sa guise. On lui apportait ses repas du restaurant voisin, lorsqu'il n'était pas en goût de sortir.

Une seule fois par semaine, le concierge d'un important immeuble de la rue de Tournon, qui appartenait à la vieille dame, venait ouvrir les fenêtres le matin pour donner un peu d'air. époussetait les housses, battait les tapis et ne reparaissait plus.

Pastoret n'eût certes pas trouvé une situation plus conforme à ses goûts et surtout plus favorable aux projets qu'il méditait.

Dans la journée, une femme du quartier introduisait les visiteurs, le servait à table et faisait ses courses ; mais, passé huit heures du soir, il restait seul et maître de ses actions.

— Quel bon vent t'amène ? fit-il à Gervaisis, après lui avoir donné une cordiale poignée de main.

— Demain, je quitte l'hôtel de la Morlange pour reprendre possession de ma cellule à Saint-Sulpice ; je suis bien décidé, cette fois, à faire le saut

— Bravo, mon cher ! et tu t'applaudiras d'avoir enfin cédé à mes conseils.

Inutile de prévenir le lecteur que les deux gaillards, qui s'étaient connus dès l'enfance, n'avaient pas de secret l'un pour l'autre ; au séminaire, on leur interdisait de se fréquenter, car on leur supposait, à tort ou à raison, des relations immorales. Plus tard, ils avaient fait ensemble les premiers pas dans le vice et s'étaient juré de se soutenir mutuellement dans toutes les circonstances de la vie.

— Vois-tu, Gervaisis, continua l'abbé, il n'y a pas d'autre profession pour les gens de notre sorte... Quelle figure veux-tu que le fils d'un pauvre paysan et le rejeton d'un concierge puissent faire dans le monde, réduits à leurs seules forces ? Il faut de deux à trois générations sacrifiées dans notre société pour faire un homme, et, quant à moi, je ne me suis senti nulle tendance à trimer pour mes arrière petits-enfants. On eût pu faire de nous d'honnêtes ouvriers : nos parents ne l'ont pas voulu ; trompés, nous ne devons pas rester du côté des dupes. Si tu avais la bêtise de refuser la messe encore une fois, on ne t'accorderait plus de nouveaux délais : l'archevêché te retirerait le droit de porter la robe, et tu tomberais immédiatement dans la classe des misérables qui ont une instruction supérieure à leurs moyens d'existence, et qui, se raccrochant à toutes les branches, font tous les métiers pour gagner leur vie..... La prêtrise, au contraire, t'ouvre toutes les portes, t'assure tous les respects et te conduit tout doucement par la main au seul but qui soit une réalité ici-bas : être heureux par tous les moyens possibles ; le reste n'est que folie, spéculation, métaphysique et mensonge... Voilà, mon bon ami, un sermon que je ne ferais pas à l'Église, mais qui est supérieur aux Écritures, à la loi et aux prophètes.

— Tu prêches un converti, mon cher, répondit Gervaisis, car je ne suis venu que pour te faire part de ma résolution.

— Hé ! l'année dernière, tu paraissais aussi

décidé ; cela ne t'a pas empêché de reculer au dernier moment...

— L'année dernière.....

— Hé bien ?...

— N'est point cette année !...

— Viens que je t'embrasse, mon vieux Gervaisis... Voilà une parole dont la logique ferait pâmer d'aise le père Mathevon, notre ancien professeur de philosophie, et certains farceurs prétendent comme moi qu'il n'y a sur la terre que des vérités relatives ! Toi, quand tu t'en mêles, tu trouves du premier coup des vérités absolues... Pas moyen d'ergoter là-dessus : *l'année dernière* n'est *point cette année !* Essayez donc de lutter contre une dialectique aussi vigoureuse.

Et Pastoret, se renversant dans son fauteuil, se mit à rire par petits éclats saccadés, en tapotant l'une contre l'autre ses mains blanches et grassouillettes.

— Moque-toi de moi à ton aise, répliqua Gervaisis, un peu piqué par l'attitude de son ami ;

si tu voulais m'écouter, tu verrais qu'aucune parole n'eût mieux rendu ma pensée...

— Je suis muet comme Balaam pendant que son âne parlait.

— Tu es bien toujours le même..., et je ne sais comment il se fait que je ne puisse rester deux jours sans te voir.

— Question de contraste, mon très cher. Tu es un rural et je suis Parisien. Tu es grand, fort et sanguin ; je suis petit, délicat et nerveux ; il n'en faut pas davantage pour que nous nous adorions... Tous les *contraires* s'attirent dans la nature... Vois l'électricité positive et l'électricité négative !... Allons, je t'écoute, mon *contraire !*

— Ce n'est pas malheureux ! Tu sauras donc que je ne suis pas plus persuadé de ma vocation aujourd'hui que l'année dernière, en d'autres termes, je ne puis pas arriver à me mettre *le métier* dans la tête, et, s'il faut te l'avouer, ne t'en froisse pas, je n'ai pas trouvé depuis deux ans, une seule fois l'occasion d'admirer tes qualités de prophète... La haute aristocratie devait m'adopter comme un des siens... et, à part le baron qui me traite en camarade, tout le monde me tient à distance, je suis toujours, pour cette cohue titrée, le fils du père Jérôme Gervaisis, cultivateur à Cormeilles en Parisis... et ces dames qui devaient m'entourer de soins, de prévenances, et de *ces douces chatteries dont elles ont le secret*, — ce sont tes propres expressions, — sans parler de celles qui, veuves ou délaissées par leurs maris, allaient se jeter dans mes bras, et me prodiguer les trésors de leurs cœurs et de leurs beautés... Ah! bien oui! tu peux attendre sous l'orme, elles n'ont même pas l'air de s'apercevoir que j'existe, et si, par hasard, je cherche à me faire remarquer..., un regard dédaigneux me renvoie à l'instant même à mon métier de pédagogue ; tout cela, tu peux le reconnaître, n'était point fait pour m'inspirer la détermination à laquelle je me suis cependant résolu....

— Si tu savais comme je t'admire, mon vieux Gervaisis, interrompit Pastoret en conservant son air railleur... non! d'honneur, tu es à sculpter en ronde-bosse, afin de conserver tes traits à l'admiration des générations futures, comme type de la plus adorable et de la plus mirifique naïveté. Mais *triple*... Gervaisis que tu es, que représentes-tu donc en ce moment pour le monde du noble faubourg? Dis, t'es-tu jamais posé cette question? Pour les uns et les autres, pour les hommes comme pour les femmes de cette caste fermée, tu n'es qu'un pauvre paysan de plus, qu'on a eu le grand tort d'arracher aux travaux manuels des champs, pour lui donner une instruction supérieure à sa condition, et augmenter ainsi, le cas échéant, le nombre des déclassés, des affamés et autres fauteurs de révolution; n'es-tu pas libre de quitter le giron de l'Église, libre de rentrer demain dans la société, n'as-tu pas, par deux fois, faute grave, refusé, malgré nos conseils, de recevoir le sacrement de l'Ordre, de devenir un des oints du Seigneur? Pour ces gens-là, tu es marqué comme une sorte de brebis galeuse, toujours à la veille de jeter le froc aux orties, et tu voudrais qu'ils te considérâssent comme étant des leurs, qu'ils t'admissent dans leur intimité, et que leurs femmes si prudes, si hautaines, t'accordâssent leurs discrètes faveurs, alors que tous sont exposés à te rencontrer demain conduisant à la promenade une vingtaine de gamins de l'institution Piédeloup, ou arrêtant leur voiture à la barrière, avec la phrase sacramentelle : « Ces messieurs et dames n'ont rien à déclarer ! » Non ! mais vois-tu d'ici la baronne de Morlange, te retrouvant un beau jour, après avoir eu des bontés pour toi, dans la tenue d'un pion crasseux et dépenaillé, ou sous le costume d'un gabelou ? En vérité, tu es fou, mon cher ! As-tu le droit de dire la messe, de remettre les fautes au nom du Tout-Puissant, de délier sur la terre ce qui sera délié dans les cieux, en un mot, es-tu l'apôtre qui, d'un geste, fait descendre son Dieu sur l'autel, pendant le sacrifice, au milieu des chants mystérieux des Anges et de l'Univers entier! Non, n'est-ce pas? De quoi te plains-tu alors? L'aristocratie, et la bourgeoisie qui la copie, veulent bien oublier notre origine, nous admettre dans leur sein, sans avoir parcouru par nos ancêtres, les diverses étapes qui applanissent successivement les distances, mais c'est à condition que nous aurons reçu la consécration indélébile du sacerdoce qui nous élève au-dessus des autres hommes, et que notre intimité ne les pourra faire déchoir.

— Je commence à croire que tu dois avoir raison, fit Gervaisis, qui avait écouté avec la plus vive attention cette sortie de son camarade, mais malgré la logique apparente de ton raisonnement, je crois que je n'aurais pu me décider à enchaîner pour toujours ma liberté....

— Dis donc à la conquérir, imbécile! interrompit Pastoret.... Est-ce qu'un esprit supérieur ne se joue pas de toutes les niaiseries dogmatiques qu'on nous enseigne, et trouvemoi donc une situation plus admirable que la nôtre, lorsque, libres de tous préjugés, nous ne nous occupons qu'à l'exploiter dans l'intérêt de notre bien-être et de nos plaisirs !...

— Soit, mais je n'en suis pas encore là tout à fait... et laisse-moi te faire connaître l'unique fait qui ait eu une influence décisive sur ma détermination.

— Va toujours, mon bon Gervaisis.., je suis ravi de voir qu'il y en a encore !... *apparent rari nantes*, comme dit cet excellent Virgilius Maro.

— Je t'ai parlé assez souvent de la baronne de Morlange...

— Oui ! pour savoir que tu dessèches d'amour pour elle, depuis tantôt deux ans... Je ne l'ai vue qu'une seule fois, cette admirable créature ; hé bien, veux-tu que je te dise franchement le résultat de mes observations. — Je suis persuadé que si tu lui eusses présenté les garanties multiples qu'offre toujours un prêtre à une femme mariée, il y aurait déjà vingt-trois mois et vingt-neuf jours, qu'elle demanderait à tes lèvres sensuelles et à tes larges épaules, des consolations que le baron, épuisé, blasé, impuissant, est depuis longtemps incapable de lui donner.

— J'en accepte l'augure, quoique rien, jusqu'ici, ne m'ait donné le moindre espoir. Souvent, *la* voyant attacher sur moi son œil ardent et rêveur, j'ai senti mon cœur battre avec violence, dans la pensée qu'elle songeait peut-être à moi; mais un jour qu'elle me paraissait sous le coup de langoureuses rêveries, le regard perdu dans les brumes crépusculaires qui envahissaient peu à peu l'admirable vallée du Rhône, nous étions à La Morlange, m'étant hasardé à lui demander, d'une voix que l'émotion et ma propre hardiesse faisaient trembler, quelles pensées lui suggérait cette splendide nature que nous avions sous les yeux, elle me répondit d'un ton sarcastique, que je n'oublierai jamais : « Ne trouvez-vous pas que la sécheresse se prolonge beaucoup trop, on a bien besoin d'eau pour les regains. »

— Tu n'étais point prêtre, mon pauvre Gervais, répondit Pastoret, en riant de plus belle.

— Cependant, poursuivit son ami, il y a environ un mois, à l'issue du dîner, les valets avaient desservi, et le baron était sorti, après avoir dit quelques mots au sujet de la cérémonie annuelle de l'Ordination, qui s'approchait, et la baronne n'avait pas prononcé une seule parole sur ce sujet, ce qu'elle faisait d'ordinaire, chaque fois qu'il en était question.... Le jeune Paul classait des gravures dans un album, et, selon mon habitude, je dévorais les charmes de cette beauté merveilleuse, mais hautaine et fière, fouillant par la pensée, sous la brutale enveloppe qui cachait à mes yeux d'aussi idéales perfections, lorsque, tout à coup, Mme de Morlange, semblant continuer une conversation commencée entre nous, me dit, d'un ton, et avec un regard qui me fit frissonner de la tête aux pieds.

— Pourquoi ne prenez-vous pas la messe, M. Gervaisis..., il me semble que cela vous entourerait d'une auréole de poésie céleste, à laquelle peu de femmes sont indifférentes.

— La baronne a prononcé réellement ces paroles, fit Pastoret, en se levant d'un bond.

— Je n'y change pas un mot, répliqua Gervaisis.

— Et qu'as-tu répondu?

— Que cette opinion, je n'ai pas osé dire un désir, était un ordre pour moi.

— Parfait, mon cher, parfait! Mme de La Morlange est à toi.

— Tu crois! fit Gervaisis, l'œil étincelant de luxure.

— J'en suis certain! Et pour qu'elle t'aie parlé ainsi, il faut qu'elle soit arrivée au point de ne plus pouvoir résister à la passion purement charnelle que tu lui as inspirée. A aucun prix, elle ne voudrait se donner, je viens de te le dire, au défroqué en expectative, au futur pion de l'institution Piédeloup. C'est pour cela qu'elle t'a conseillé de te faire prêtre....

— Oh! si cela pouvait être!

— Retiens bien ma prédiction, et tu verras si je me trompe. Que le baron passe au cercle, d'après une habitude assez fréquente, la nuit qui suivra ton ordination, et tu verras si la baronne ne vient pas d'elle-même, sans préambule, sans préparation aucune, se jeter dans tes bras.

— Puisses-tu dire vrai ! exclama Gervaisis, avec une exaltation sauvage. Oh ! ma vie pour cette nuit d'amour !

— Tu es sérieusement pris, mon pauvre Gervaisis.

— Tiens ! il faut que je te dise... Alors tu comprendras qu'un homme puisse donner sa vie pour cette femme.

— L'aurais-tu surprise au bain, par quelqu'indiscrète fissure dans les boiseries.

— Non ! mais te souviens-tu de la statue de marbre que le baron t'a fait admirer au salon.

— Parfaitement, il me l'a donnée comme la reproduction *d'un antique*

— Comment l'as-tu trouvée ?

— Cela dépasse le rêve ! Mais ces Grecs, sous le bleu ciel de l'Attique, tout chargé de poésie, ont eu une conception de la forme humaine, si belle, si idéale, qu'il est impossible de la rencontrer dans la nature.

— Tu te trompes, Pastoret, il y a plus beau que cela, car ce marbre ne palpite pas, ne peut point frémir sous notre étreinte, et vous rendre caresse pour caresse, baiser pour baiser.

— C'est une compensation à la perfection qui manque à l'être animé.

— On peut trouver cette perfection et l'âme sous la même enveloppe. Cette statue que tu as tant admirée, n'est que la reproduction exacte du corps de la baronne, prise directement par la voie du moulage.

— Dis-tu vrai ?

— C'est un secret que j'ai découvert, le moulage a été fait par le baron lui-même, qui est expert dans cet art, la tête seule a été changée.

— Heureux mortel, fit Pastoret avec conviction.

— Et toi, comment vont tes affaires avec la belle Madeleine ?

— Aussi bien que possible, samedi prochain

verra la consécration de mon triomphe, ou la rupture à tout jamais de nos relations.

La conversation des deux amis continua quelques temps encore sur le même sujet, puis, comme l'heure s'avançait, Pastoret demanda tout à coup à Gervaisis :

— Ou dînes-tu, ce soir ?

— Mais avec toi, je suis venu dans l'intention de te demander l'hospitalité pour jusqu'à demain matin. Rue de Varennes, on me croit rentré à St-Sulpice d'aujourd'hui, tandis que ce n'est que pour demain matin.

— Très bien, et si tu le veux, nous allons enterrer ta vie de garçon, puisque demain commence la neuvaine de tes fiançailles avec l'Église.

— Excellente idée, il y a déjà quelque temps que je n'ai pu m'échapper, pour venir faire avec toi une de ces charmantes parties que nous renouvellions si souvent autrefois... Je me sens aujourd'hui une forte provision de gaieté à dépenser, et comme je ne saurais que faire de ce genre d'économies à St-Sulpice, il vaut mieux faire comme le marin qui jette jusqu'à sa dernière pièce dans les bouges, avant de rentrer à bord.

Tous deux alors, quittant leurs soutanes, revêtirent des habits bourgeois que Pastoret conservait dans une armoire spéciale de son appartement. Faits à leur mesure par un tailleur à la mode, ces vêtements leur allaient à merveille, et ils les portaient avec une aisance qui ne pouvait trahir leur véritable qualité.

— Cocher, rue des Moulins, fit le jeune vicaire à l'automédon, en montant dans un fiacre avec son ami.

— Connu! bourgeois, fit le chevalier du fouet, pas besoin de savoir le numéro.

Dans cette rue, démolie lors du percement de l'avenue de l'Opéra, il existait, sous le second Empire, qui sut réunir toutes les célébrités malsaines, un établissement de vierges folles qui eut son heure de vogue, parmi les viveurs de cette époque. Sa propriétaire, ou mieux sa directrice, comme elle se faisait appeler, avait rassemblé là un troupeau de femmes de tous les pays, choisies parmi les plus belles, et portant leur costume national.

La maison était divisée en salons, meublés dans le même esprit, et donnant asile chacun à une demi-douzaine de femmes, appartenant réellement à la nationalité représentée par l'ameublement de la pièce où elles trônaient. Ainsi, il y avait le salon algérien, composé de Mauresques et d'Arabes, le salon andalou, avec les plus belles femmes du midi de l'Espagne, les salons romain, grec, égyptien, circassien, chinois, etc., avec une installation identique.

La jeunesse dorée avait pris l'habitude d'y souper à la manière du pays auquel appartenaient les femmes qu'ils avaient choisies, et d'y achever la nuit dans d'interminables orgies.

C'est là que descendirent les deux amis, et avec l'assurance d'un vieil habitué, Pastorel demanda le salon romain. Une demi-heure après, ils se trouvaient couchés à la manière antique, près d'une table somptueusement servie, en compagnie de deux fortes filles de Pesaro, dans la campagne romaine, dont les formes opulentes et sculpturales étaient à peine voilées par le peplum de gaze transparente jeté négligemment sur leurs belles épaules.

Pastoret avait conservé son sourire de viveur, railleur et sceptique ; c'était un extrait quintessencié de la corruption des villes, élégant et dédaigneux dans le vice et déjà blasé sur les grossiers attraits de cette débauche vulgaire et facile, qui se soldait à prix d'or au comptoir.

Gervaisis, au contraire, haut en couleur, presqu'apoplectique, l'œil dilaté de luxure et d'appétit brutal, regardait, avec des violences d'ogre sentant la chair fraîche, ces belles impudiques, qui le lutinaient en se jouant, et excitaient à plaisir ses sens toujours inassouvis..., rude produit encore mal dégrossi du terroir voisin, il lui prenait de folles envies de pétrir de ses mains de paysan ces solides poitrine de matrones romaines, de faire craquer entre ses bras velus ces tailles onduleuses et lascives, qui semblaient le défier dans leur provoquante et vigoureuse nudité....

Tirons un voile sur les scènes d'orgie et de débauche antique qui suivirent le dîner, alors que les bacchantes, ivres, les arrosaient de champagne et les fouaillaient à coup de cravache, pour exciter chez eux une dernière lueur d'énergie.....

Le lendemain matin, au petit jour, un jeune homme, enfoui dans un large manteau, le collet relevé, sans doute pour protéger le visage contre l'aigre brise de novembre, se présentait, un sac de nuit à la main, à la porte du grand séminaire de St-Sulpice... C'était Gervaisis qui venait se consacrer définitivement au culte des autels.

II

L'AMOUR AU CONFESSIONAL

Nous laisserons Gervaisis seul entre les murailles blanchies à la chaux de sa cellule, se frapper la poitrine dans le recueillement de la prière, car toute foi n'était pas entièrement éteinte dans cette âme de rustre, qui perdait les trois quarts de son assurance, lorsqu'il n'était point soutenu par le scepticisme railleur de son ami Pastoret.

Une bonne partie de ses hésitations l'avaient repris, et il ne pouvait se décider à aborder la prêtrise, en commettant un quadruple sacrilège qui ne pouvait manquer d'attirer sur sa tête la vengeance céleste. N'était-il pas obligé de cacher dans la confession générale qu'il allait faire, et l'orgie qui avait précédé sa rentrée au séminaire, et son amour pour la baronne, sous peine de se voir défendre par son directeur l'accès du sacrement de l'ordre, et s'il se taisait, ne faisait-il pas une confession sacrilège, en même temps qu'il recevait l'onction sacerdotale, disait sa première messe, et communiait en état de péché mortel. Quatre sacrilèges en effet dont le plus mince suffisait pour envoyer son homme brûler éternellement au feu éternel !

Cette seule pensée lui donnait le frisson ! S'il avait eu près de lui son fidèle Achate, les sarcasmes, les conseils ironiques du Parisien auraient chassé rapidement les appréhensions de ce timoré dont le bagage scientifique n'allait pas au-dessus de l'enseignement du séminaire. Mais, hélas ! Pastoret n'était point là, et son acquis intellectuel, borné à l'histoire, qu'il avait étudiée au point de vue providentiel, et à cette critique sacerdotale qui rapporte tout à la Bible et à la Théologie, ne lui permettait pas de rien mettre de sérieux à la place de ce qu'il démolissait. En ignorant qu'il était, il s'imaginait que la logique l'obligeait absolument à remplacer les billevesées spéculatives dont on lui avait truffé le cerveau, dès son enfance, par quelque chose de certain dans le domaine métaphysique.

Que de fois, dans ses discussions scholastiques avec son ami, ne lui avait-il pas opposé des raisonnements semblables à celui-ci :

— Mais, malheureux, que mettras-tu à la place de la *grâce efficace*, sans laquelle on ne peut faire son salut.

— Mais, imbécile, répondait Pastoret, avec sa prononciation grasseyante de faubourien, je n'y mettrai absolument rien... Par quoi remplacerais-tu le vide, toi ? et ramassant d'une poignée, dogmes, mystères, articles de foi et de sacristie, il criblait le tout de railleries, d'épigrammes acérés, éblouissant Gervaisis sous le feu roulant de son esprit primesautier et mordant.

Ce dernier finissait toujours par se rendre, quitte à retomber dans ses irrésolutions, lorsqu'il n'était pas sous l'ascendant de son camarade, ou sous l'empire de ses bestiales passions.

Abandonnons-le donc pour un instant, dans son étroite cellule de Saint-Sulpice, agenouillé devant la statue de la vierge et la suppliant de faire un miracle, de se révéler à lui par un signe quelconque, qui pût mettre fin à ses perpétuelles hésitations..., et revenons à Pastoret qui poursuivait, sans le moindre remords, son œuvre malsaine de corruption.

Le sceptique vicaire n'était pas sans appréhension sur la façon dont la jeune Madeleine de La R... allait accepter ses impures révélations, mais il s'était juré d'aller jusqu'au bout, et il n'était pas homme à reculer, dès qu'une résolution était définitivement arrêtée dans son esprit. Contrairement à Gervaisis, l'imagination était chez lui beaucoup plus ardente que les sens, et les raffinements quintessenciés du vice élégant et discret avaient plus d'influence sur cette nature nerveuse, et déjà blasée, que les grossières excitations qui faisaient perdre la tête au fils du paysan de Cormeilles-en-Parisis.

Pastoret connaissait de longue date, par la légende érotique de Saint-Sulpice qui se transmettait de bouche en bouche, comme certaines traditions hébraïques, cette chose curieuse appelée la *Messe d'Amour*, mélange d'odieuses obscénités, de mysticisme hystérique, et de cérémonies religieuses, que l'imagination déréglée d'un prêtre pouvait seule inventer, et, dès le séminaire, il avait caressé la pensée d'offrir l'impur sacrifice, avec quelque belle vierge qu'il parviendrait à attirer dans ses filets.

Il n'ignorait pas que plusieurs de ses collègues et notamment, peu d'années avant, un curé de la Vendée, avaient été poursuivis à raison du même fait, comme coupables d'outrages aux mœurs, devant la cour d'assises; le huis-clos avait même été ordonné, afin de ne pas étaler sous les yeux du public les plaies secrètes des mœurs du clergé ; mais il se promettait bien d'être plus habile, et de n'agir qu'à coup sûr, lorsqu'il aurait trouvé un sujet, femme ou jeune fille, suffisamment fanatisé, pour n'avoir rien à craindre de ses indiscrétions.

La jeune Madeleine était venue à point pour donner un corps à son rêve, mais il fallait amener graduellement cette âme naïve, affamée d'idéal, à consentir à jouer le rôle infâme qu'il lui destinait ; sans cela, il l'avait compris dès les premières entrevues, jamais elle ne se donnerait à lui. Ce qu'elle cherchait dans son exaltation pieuse, ce n'était pas une satisfaction sensuelle, sur laquelle elle n'avait jamais arrêté ses pensées, mais bien une sorte de communion céleste de deux cœurs, unis pour l'éternité dans le Seigneur, et pouvant se retrouver plus tard dans le séjour des élus, sans avoir à rougir de leur vie terrestre.

Loin d'elle la pensée que rien d'impur pût germer dans le cerveau d'un prêtre, elle ne voyait dans cet amour qu'elle cultivait du plus profond de son âme, qu'un lien religieux, qui la rapprochait du ciel, et lui communiquait une partie des mérites des bienheureux... Cette confiance aveugle et la force du sentiment qu'elle éprouvait pour Pastoret, devaient finir par la livrer sans défense aux suggestions de ce dernier, et consommer sa déchéance.

Depuis que le jeune vicaire lui avait parlé de cette consécration céleste que leur union spirituelle devait recevoir, par l'offrande de leurs personnes, Madeleine ne vivait plus que dans l'attente de la révélation de ce secret divin, qui devait l'élever au rang d'épouse du Seigneur, et dans ses élans de foi mystique, elle passait une partie de ses jours et de ses nuits en prières, et peu à peu cette exaltation cérébrale, unie aux veilles prolongées, avaient eu leur action reflexe sur les sens et fait vibrer chez la jeune vierge des cordes encore endormies.

Enfin le jour si impatiemment attendu de part et d'autre se leva. Pastoret revêtit ses habits bourgeois, et se rendit au Hammam où, après avoir passé dans les différentes étuves de ces splendides bains turco-romains, ils se livra aux masseurs qui achevèrent, en faisant craquer ses articulations, saillir ses muscles, et en malaxant sa chaire blanche comme celle d'une femme, de le rendre frais et dispos pour le sacrifice qu'il allait offrir aux deux déitées de Cythère et de Lesbos cette même nuit.

Au sortir de leurs mains, il passa dans l'Atrium, où l'attendait un copieux déjeuner dont il avait fait la carte en entrant : une douzaine de cançales, tostes au beurre d'Isigny et au caviar, foie gras et sauterne première. Il continua par un demi-homard à l'américaine, un poulet sauté aux morilles, des petits pois au velouté, un filet-château et une salade russe, et pour ne pas changer la couleur du vin, il arrosa le tout de deux bouteilles frappées de Moët et Chandon.

Le dessert et le café expédiés, il fit la sieste jusqu'à cinq heures, puis il rentra chez lui pour reprendre sa livrée ecclésiastique et se rendre à son église.

Comme on le voit, l'aimable abbé cultivait de bonne heure ces deux vers rongeurs du clergé catholique, la gourmandise et la luxure.

Il passa, en le saluant d'un sourire plein d'onction, au milieu de son troupeau fidèle de communiantes du dimanche, se dirigea droit à la sacristie où il revêtit son surplis, et après avoir pris sa petite boîte de pastilles destinées à imprégner son haleine d'un parfum suave et délicat, il revint lentement à travers l'église, la tête légèrement inclinée sur le côté droit, le visage comme transfiguré par la grâce et la béatitude céleste.

En passant, il s'agenouilla devant l'autel de la vierge, fit une courte prière, comme pour appeler sur ses pénitentes et sur lui la bénédiction du ciel, puis se relevant comme reconforté, il lança un regard brûlant d'amour divin vers les voûtes de l'église, et se dirigea vers son confessionnal, où il pénétra avec ce nonchaloir élégant et étudié qui présidait à tous ses actes.

Avant de refermer la porte sur lui, il jeta un rapide coup d'œil sur le personnel féminin qui l'attendait, et aperçut derrière une colonne la jeune Madeleine et sa femme de chambre, qui l'attendaient à leur place accoutumée.

La jeune fille, selon son habitude, devait passer la dernière, afin de pouvoir converser aussi longtemps qu'elle le voudrait, et sans dérangement, avec celui qu'elle considérait comme son époux dans le Seigneur.

La nuit était venue et la vaste nef de l'église s'était emplie d'ombre et de mystère, les rares luminaires que le sacristain avait placés de loin en loin, pour diriger la sortie des fidèles, plaquaient de clartés blafardes certaines parties de l'immense édifice, dont l'ensemble restait plongé dans une profonde obscurité; à mesure que les confessionnaux se vidaient, l'appariteur éteignait les lumières et bientôt il ne resta plus qu'un pâle cierge de cire jaune, placé contre une colonne, à quelques pas du portail de service qu'on laissait ouvert jusqu'à neuf heures, sur un des bas côtés du temple.

La maison du Seigneur était devenue presque entièrement déserte, seul l'abbé Pastoret avait encore une pénitente à confesser. C'était Madeleine qui priait avec une ferveur exaltée, pendant que sa femme de chambre s'était tranquillement endormie sur son banc.

— Ma foi, fit l'assistant du sacristain, il se fait tard et je m'en vais souper, M. l'abbé portera lui-même les clés à la cure.

Les choses se passaient du reste ainsi chaque fois, le samedi soir surtout, qu'un des vicaires était retenu par les soins de son ministère, au-delà des heures habituelles de fermeture.

En prononçant ces mots, l'appariteur se dirigea vers le confessionnal de l'abbé Pastoret, qui, l'entendant s'approcher, interrompit un instant sa besogne sacrée pour recevoir les clés ; puis, d'un pas traînard et dolent, le vieux rat d'église, comme on l'appelait dans le quartier, sortit par la porte de la sacristie qui ne s'ouvrait pas du dehors, et prit le chemin de sa demeure.

Pastoret était donc resté seul avec la belle Madeleine !... du moins, ils le croyaient tous deux, car ils n'avaient pas vu une dame, enveloppée d'un long voile, qui avait pénétré dans l'église quelques instants avant que le père Joseph n'eût fermé le portail, en accompagnant l'avant-dernière pénitente et remis les clefs au jeune vicaire.

Cette dame s'était glissée furtivement dans une des chapelles latérales, alors plongée dans la plus complète obscurité. Dès qu'elle n'entendit plus les pas du vieil appariteur retentir sur les dalles du chœur, elle quitta sa retraite, et vint prendre de l'autre côté du confessionnal, la place qui n'était pas occupée.

Ceci avait été fait sans que le moindre bruit

décelât sa présence, et avec une telle dextérité, que Pastoret lui-même ne se douta pas de ce qui venait de se passer.

Quelques minutes avant seulement, Madeleine s'était levée sous le coup d'une émotion indicible, et toute chancelante, était venue s'agenouiller sur la petite marche rembourrée et coquettement recouverte de velours, qui recevait dans le confessionnal les genoux délicats de ces dames... et la pauvrette se mit à adresser à la vierge la plus fervente de ses prières.

Lorsqu'elle entendit le petit grillage de chêne glisser dans sa rainure, elle faillit se trouver mal.

— Bénissez-moi, mon père, parce que j'ai péché..., balbutia-t-elle d'une voix tremblante, mais douce et harmonieuse, comme un souffle de brise dans les ramures des bois... Quand elle eut achevé sa prière, il y eut quelques instants d'un silence poignant, pendant lequel on eût entendu les battements de son cœur...

Arrivé à ce moment suprême, qu'il attendait

avec une impatience fièvreuse depuis de longs mois, Pastoret hésitait ! Madeleine s'était révélée à lui peu à peu, avec une si touchante ingénuité, elle lui avait montré de tels trésors de grâce et de candeur, l'amour même qu'elle éprouvait pour lui était si pur dans son exaltation, que ce sceptique débauché, au moment de souffler le vent de la corruption sur cette fleur immaculée, se sentait pris de remords et n'osait passer outre...

Puis, au bout de cette aventure pouvait se trouver d'irréparables malheurs et pour l'un et pour l'autre, peut-être même quelque épouvantable drame qui, en attirant sur sa tête les foudres ecclésiastiques et brisant sa carrière, le rejeterait dans cette tourbe de déclassés, dont il avait si fort épouvanté son ami Gervaisis !

Madeleine appartenait à une noble famille, apparentée à tous les grands noms de France, et si l'infâme conduite de Pastoret était jamais découverte, il ne devait s'attendre à aucune considération, ou à aucune pitié dans le châtiment exemplaire qui lui serait infailliblement infligé... On n'irait peut-être pas jusqu'à la cour d'assises, en raison du scandale qui rejaillirait sur le nom de la jeune fille, mais il était des mesures plus terribles encore, que l'on prenait facilement avec les gens de son espèce, et dont la pensée seule lui donnait le frisson.

Un simple ordre donné en haut lieu, et il disparaissait pour toujours, sans que nul ne puisse jamais savoir ce qu'il était devenu.

Il avait entendu conter, sous le manteau, de sombres histoires, auxquelles il avait naguère ajouté peu de foi, mais qui lui revenaient à la mémoire en ce moment, et le glaçaient de terreur... Ainsi un vicaire d'une des paroisses les plus mondaines de Paris, avait été une belle nuit enlevé dans son lit, et enfermé dans un cabanon, avec un fou furieux qui l'avait tué en le déchirant avec ses ongles et ses dents. Un autre expédié à Cayenne et, abandonné sur l'îlot du Salut, avait été dévoré par les requins.

Et cela toujours pour le même fait, la séduction de jeunes femmes appartenant à de puissantes familles.

Tous ces souvenirs n'avaient fait qu'un tour dans le cerveau de Pastoret, pendant que la jeune fille prononçait les paroles sacramentelles et la prière qui les suivait, d'une voix que l'émotion rendait plus mélodieuse et plus suave encore.

Très embarrassé sur le parti qu'il devait prendre, le jeune abbé allait, pour gagner du temps, procéder comme à l'ordinaire, à la confession de la charmante fille, lorsqu'une petite toux discrète vint lui apprendre que l'autre côté du confessionnal était occupé. Agréablement surpris par cette interruption à laquelle il ne s'attendait pas, mais qu'il accueillait comme un secours du ciel dans la disposition d'esprit où il se trouvait, Pastoret résolut d'en profiter pour remettre à la huitaine suivante l'explication définitive qui devait avoir lieu ce soir-là.

— Ma chère enfant, fit-il à Madeleine, d'une voix tendre, je viens de m'apercevoir, malgré toutes les précautions prises, que nous n'avons pas réussi à être seuls, et en présence de l'heure avancée, il serait prudent, je crois, de renvoyer notre entretien à huitaine, pour l'heure qui vous conviendra le mieux.

Ces paroles rendirent à la jeune fille une partie de son sang-froid, car n'étant point parvenue à conquérir sa liberté pour la nuit qui allait suivre, son pauvre petit cœur s'était serré à la pensée de la peine qu'elle allait causer à l'homme qu'elle aimait plus que tout au monde, puisqu'elle lui avait donné sa vie.

Son père assistait ce jour-là à une soirée de l'ambassade de Russie et Madeleine, ignorant l'heure de son retour, ne pouvait quitter un seul instant l'hôtel.

— Votre volonté soit faite, mon père, répondit-elle aux paroles ci-dessus de Pastoret, mais n'allez-vous pas m'initier aujourd'hui au mystère du divin sacrifice que nous devons offrir au Seigneur?

— Non, ma chère fille, ainsi que je viens de

vous le dire, il y a une autre personne au confessionnal, et le temps nous manque. Je vous attendrai samedi prochain à six heures, le temple sera désert et rien ne viendra déranger vos saintes méditations. Priez, car je vais vous donner l'absolution pour que vous puissiez vous approcher demain de la sainte table, selon votre habitude.

— Mon père, j'ai péché...

— Je connais votre âme aussi pure que celle des anges, et suis certain que vous devez être en état de grâce.

— Non, mon père, j'ai péché très gravement, peut-être...

— Je vous écoute, ma chère fille.

— Mon père, accentua Madeleine avec un trouble inexprimable... Je crains bien d'éprouver pour l'époux céleste que mon cœur a choisi, un peu plus d'affection charnelle que ne devrait le comporter cet amour !

— Comment vous êtes-vous aperçue de cela ?

— Oh ! mon père, je n'ose...

— Il le faut, mon enfant !

Un doux soupir s'échappe du cœur de la belle Madeleine, et enfin elle murmure plutôt qu'elle n'articule ses paroles.

— Plusieurs fois, j'ai eu comme une vision d'un bonheur terrestre auquel je ne puis aspirer sans péché ; nous étions l'un près de l'autre les deux mains enlacées, et, à côté de nous, souriait un enfant au berceau. Ah ! mon père, je comprends combien je suis coupable. — Et de petits sanglots, qui enivraient le cœur de Pastoret, s'échappèrent de son sein. — Si vous saviez, continua-t-elle avec effort, combien de fois j'ai voulu chasser cette image, et toujours, malgré moi, elle s'est représentée devant mes yeux.

— Consolez-vous, ma chère fille, il n'y a rien là qui vous doive effrayer, et vous n'avez point péché, parce que vous n'avez pu triompher de votre pensée. Au surplus, consolez-vous, car, samedi prochain, vous apprendrez qu'il est un état de grâce céleste où le corps ne peut plus contracter de souillure, et où l'amour charnel n'est plus qu'une sorte de trait d'union matériel destiné à rendre plus étroite, plus indissoluble l'union de deux âmes dans le Seigneur. Est-ce que Marie, épouse et mère, a cessé pour cela d'être vierge? Il est des cas où le Christ, en l'honneur de sa mère divine, peut accorder la même grâce à des vierges de la terre, par l'intermédiaire des ministres de ses autels.

— Oh! mon père, quelle joie vous répandez dans mon cœur, et quelle consolation vous venez de verser comme un baume sur mes remords.

— Priez, ma fille, je vous absous...... *In nomine patris et filii et spiritus sancti, ego te absolvo.....* Et la voix du prêtre s'abaissant graduellement, à l'unisson de celle de la jeune fille, on n'entendit plus qu'un léger murmure, comme un gazouillement d'oiseaux dans leur nid.

L'entretien sacré était terminé!

— Madeleine, fit Pastoret à voix basse, avec une émotion qu'il ne chercha pas à déguiser... Madeleine, ange du ciel, m'aimes-tu?

— Plus que moi-même, plus que ma vie, plus que tout au monde, Maurice, répondit la jeune fille.

— A samedi donc, ô ma céleste compagne !

— A samedi, cher et divin époux dans le Seigneur !

Et Madeleine, l'âme inondée d'un bonheur ineffable, se glissa hors du confessionnal ; elle courut réveiller sa femme de chambre, et toutes deux se dirigèrent vers la sortie de la sacristie connue des seules initiées.

A peine avaient-elles disparu, que Pastoret ouvrit le croisillon de la section gauche du confessionnal, occupée par l'inconnue.

— Bénissez-moi, mon père, parce que j'ai péché, fit immédiatement une voix fraîche et jeune, au timbre singulièrement harmonieux...

Et, au même moment, une bouffée de parfums subtils et délicats sentant la femme du monde, et du meilleur, envahit le confessionnal.

Pastoret, qui s'attendait à la visite de quelque vieille dévote sur le retour, fut très agréablement surpris par ces divers signes, qui lui annonçaient une femme dans tout l'éclat plastique de la jeunesse, c'est-à-dire âgée de vingt-cinq à trente ans environ.

A la voix, à la nonchalance de la pose, au frou-frou des vêtements, à mille détails enfin, un prêtre ne se trompe guère, ni sur l'âge, ni sur la position sociale, ni même sur la beauté de la pénitente qui s'adresse à lui pour la première fois.

Le jeune abbé reconnut de suite qu'il avait affaire à une femme de haute volée, ce qui l'étonna peu, car souvent ces dames, quand elles ont quelque tendre péché à se faire pardonner, n'osant le confier à leur directeur habituel, s'en vont secrètement chercher l'absolution dans quelque église excentrique. Intrigué toutefois par le grand air de cette nouvelle pénitente, et surtout par l'heure qu'elle avait choisie pour venir le trouver, il ne put résister au désir de lui poser quelques questions.

— A qui ai-je l'honneur de parler, Madame ?

lui demanda-t-il, de cette voix caressante que les prêtres savent prendre avec les jeunes femmes.

— Je vous demanderai, Monsieur l'abbé, la permission de garder l'*incognito*, répondit la pénitente, qui était, en effet, jeune, belle et d'une suprême élégance.

— Je ne suis cependant pas votre directeur habituel, continua Pastoret.

— C'est précisément parce que vous ne l'êtes pas que je m'adresse à vous ; si vous me connaissiez, je serais obligée, à mon grand regret, de quitter à l'instant même ce confessionnal, non que je n'aie pas confiance en vous, je ne serais pas ici dans ce cas ; mais les circonstances qui m'obligent à réclamer votre saint ministère sont telles, qu'à aucun prix vous ne devez savoir qui je suis.

— C'est cependant au confesseur et non à l'homme que vous vous adressez ?

— A l'un et à l'autre, Monsieur l'abbé, et de là mon désir que tout ce qui va se passer entre nous ce soir soit plus tard considéré par le prêtre et par l'homme comme n'ayant jamais existé.

— En cela, Madame, je ne ferai que mon devoir de prêtre et d'homme d'honneur.

— Je le sais, Monsieur l'abbé, et mon intention n'était pas de vous le rappeler, par crainte d'un oubli de votre part ou défiance de la mienne, car j'ai en vous la foi la plus entière et la plus aveugle.

— Cette confiance m'honore, Madame *la comtesse*.

Cette expression était si naturellement sortie de sa bouche, en présence du bon ton et de l'élégance suprême de sa pénitente, que Pastoret n'aurait même pas remarqué le *lapsus* qu'il venait de commettre, si la jeune femme ne lui eut répondu gracieusement :

— Je suis duchesse ! Monsieur l'abbé ; mais à cela se borne tout ce que je puis vous avouer sur mon compte.

L'orgueil de Pastoret fut agréablement chatouillé par cette déclaration ; aussi répondit-il de sa voix la plus douce et la plus respectueuse :

— Vous pourriez être princesse, Madame, que cela n'augmenterait en rien le charme qui se dégage de toute votre personne.

— Vous êtes galant, Monsieur Pastoret, fit la jeune femme, en négligeant intentionnellement son titre religieux... c'est bien ainsi que je vous ai jugé.

— Quoi ! Madame la duchesse avait déjà daigné s'occuper de mon humble personne ?

— Il y a plus d'une année que je vous connais.

— Combien je regrette de n'avoir pas le bonheur d'en pouvoir dire autant.

— De mieux en mieux, Monsieur Pastoret, on voit que vous n'avez pas été uniquement élevé sur les genoux de l'Eglise.

— Vous me comblez, Madame.

— Il faut que vous sachiez comment nos relations ont commencé, sans que vous vous en doutiez.. J'entrais ici, par hasard, l'an dernier, un jour d'office, et j'eus le plaisir de vous entendre prêcher sur la Grâce ; vous le fîtes d'une façon si chaleureuse et si persuasive à la fois, que depuis je n'ai oublié ni le sermon, ni l'orateur.

— C'est une grande preuve d'indulgence, Madame la duchesse, pour le plus indigne de vos serviteurs.

— Une preuve de goût, au contraire, Monsieur Pastoret ; je m'enquis le soir même, Monsieur Pastoret, car votre voix m'avait doucement émue et vous m'étiez devenu ami en vous écoutant. Depuis, il ne s'est pas écoulé un seul mois que je ne sois venue vous entendre, lorsque vous étiez appelé dans la chaire par votre tour de service.

— Et je ne vous ai point remarquée ; en vérité, un pareil oubli est impardonnable.

— Ne vous reprochez rien ; moi seule en suis cause, car, prévoyant déjà que je viendrais un jour vous demander un important service, je me plaçai toujours dans l'église, de façon qu'il vous fût impossible de conserver de moi le moindre souvenir.

— En vérité, Madame, tout cela est singulier, étrange comme un roman.

— C'est tout un roman, en effet, auquel il ne manque que la conclusion ; mais je compte sur vous pour en trouver une qui ne dépare pas trop l'exposition que je viens de vous faire.

— Ah ! croyez bien, madame la duchesse, que rien ne me sera impossible pour justifier l'opinion, trop flatteuse peut-être, que vous avez conçue de moi.

— Rien, dites-vous, ne vous sera impossible pour me satisfaire.

— Rien, madame ! accentua Pastoret du ton d'un homme que l'émotion commence à gagner.

— Prenez garde ! vous prenez un engagement bien téméraire.

— Non, madame ; je souscris les yeux fermés à tout ce que vous pouvez exiger de moi.

— Et si l'esprit tentateur avait pris une forme.....

— Ravissante ! acheva le jeune abbé, qui se sentait délicieusement remué par l'assaut que lui livrait la belle inconnue.

— Mettons simplement charmante — reprit cette dernière avec une grâce enchanteresse, dans le but de vous faire manquer à vos vœux les plus saints, à vos devoirs les plus sacrés ?

— C'est une supposition de tous points irréalisable, madame la duchesse.

— Pourquoi cela ?

— Parce que le souverain maître a interdit au tentateur de cacher ses noirs desseins sous deux formes, qu'il l'a contraint de respecter la forme divine comme étant la sienne, la forme humaine, comme étant celle de la plus parfaite de ses œuvres. C'est ainsi que pour tromper Ève, il a été obligé de prendre la figure du serpent, le plus subtil et le plus pervers des animaux.

Un petit éclat de rire frais et argentin ponctua ces dernières paroles et l'abbé s'arrêta interdit.

A ce moment, soit coquetterie préconçue, soit

parce qu'elle se sentait fatiguée par la chaleur, la duchesse releva son voile, et Pastoret aperçut dans la vague clarté que le cierge vacillant envoyait jusque dans l'étroite cellule, une figure ovale d'une beauté étrange, sensuelle, encadrée dans une forêt de cheveux bouclés, et rappelant à s'y méprendre les belles têtes hispano-arabes de l'Andalousie; ce ne fut qu'un éclair, car après s'être légèrement essuyé le front avec un petit foulard des Indes, brodé à jour, d'où s'échappaient des senteurs de violette et d'ambre, elle laissa retomber son voile, et se retourna du côté du jeune abbé en lui disant :

— Excusez mon inconvenance, monsieur ; ce que je viens de faire là est de fort mauvais goût, et je ne suis pardonnable que si vous voulez bien admettre que nous autres femmes, pauvres créatures séduites par un vil serpent, nous ne sommes pas toujours maîtresses de nos nerfs.

— Vous êtes toute excusée, madame, car la

faute doit retomber sur moi ; pourquoi ai-je exhumé, en parlant à une femme d'une intelligence supérieure, cette sotte légende de la Bible.

— Vous ne croyez donc pas au diable, monsieur Pastoret?

— Non, madame, c'est un pur symbole du mal, comme les anges sont le symbole du bien.

— Merci de votre franchise, monsieur l'abbé ; vous voyez les choses de haut et en philosophe, cela m'encourage et me donne quelque espoir d'atteindre le but que je me proposais en venant vous trouver.

— Je vous l'ai dit, madame, veuillez ne voir en moi que le plus indigne de vos serviteurs.....

— Ne vous engagez pas trop, avant de connaître l'étendue de mon ambition.

— Ah ! madame, que pouvez-vous vouloir de moi, que je puisse hésiter à accomplir.....

Puis, il ajouta plus bas, l'imagination et les sens excités par la vision entrevue :

— Que ne ferais-je pas, pour un sourire de

ce divin visage......, mais il s'arrêta, confus d'avoir ainsi traduit sa pensée.

Son interlocutrice n'eut pas l'air d'avoir entendu ces dernières paroles.

Elle poursuivit :

— Croyez-vous, monsieur l'abbé, qu'il puisse être permis soit à un prêtre, soit à une personne étrangère au clergé, d'accomplir certains actes, non répréhensibles en eux-mêmes, mais simplement défendus à raison de situations particulières, si le bien qui doit en résulter est de beaucoup supérieur au mal, qui ne consiste, du reste, que dans la violation de cette défense.

— En vérité, madame, vous posez cette question presque dans les mêmes termes que nos plus savants casuistes, et notamment le révérend père Sanchèz...

— Et que répond ce père... Sanchèz ?

— Il absout, madame, tout cas de désobéissance à une des prescriptions de l'Église, en raison du bien supérieur qui doit en être la conséquence.

— Bien ! fit la voix de la duchesse qui sembla plus émue..... — Et dans une situation identique, poursuivit-elle avec un léger tremblement qui remplit le cœur de Pastoret d'ivresse, hésiteriez-vous à vous rendre coupable d'une pareille désobéissance, d'où devrait résulter un bien de beaucoup supérieur ?

— Par mon salut éternel, madame, si c'était vous qui dussiez ordonner, quelle que fusse la chose que vous puissiez demander, sur l'heure vous seriez obéie.

Pastoret avait prononcé ces paroles avec un emportement fébrile qui parut plaire à la belle inconnue, car elle reprit d'un ton plus ferme :

— Merci pour votre courageuse franchise, et d'une voix presque tendre, la faute ne sera peut-être pas sans quelques compensations.

— Ah ! madame ! la seule satisfaction de vous être agréable !... il s'arrêta hésitant. — Le malheureux Pastoret n'y était plus....., la plupart des femmes qui s'étaient jetées à sa tête au confessionnal avaient toutes joué plus ou moins la comédie de la femme malheureuse en ménage, ou bien celle de la passion irrésistible pour un jeune et beau lévite, qu'elles refusaient de nommer, mais qu'il devinait aisément ; d'autres encore, veuves inconsolables, ne demandaient qu'à être consolées....., et Pastoret n'avait eu qu'à continuer à feindre, pour arriver tout doucement à ses fins. « Sans doute l'amour qu'une femme avait pour un prêtre était répréhensible, mais beaucoup moins après tout qu'une passion secondaire qui pourrait entraîner les plus graves conséquences ; en prenant un amant dans son entourage une femme ne trompait pas seulement son mari, elle risquait sa réputation, incitait par son exemple les âmes faibles à l'imiter..... malheur à qui donne du scandale, dit l'Ecriture ! et, comme la brebis galeuse qui infecte tout le troupeau, elle devenait un centre de contagion, dont les effets étaient impossibles à calculer..... Tandis qu'en aimant un prêtre discret et prudent par état, au-dessus de tout soupçon par son caractère sacré, le mal se circonscrivait entre les deux coupables, et par conséquent diminuait considérablement de gravité... Et puis il était des cas où les pères de l'Eglise avaient pour ainsi dire absous d'avance ces fautes contre la chasteté, c'était par exemple lorsqu'une femme, ne pouvant dominer son tempérament, se trouvait sur le point de contracter une liaison indigne, pouvant mettre en péril l'honneur de sa famille, ou l'avenir de ses enfants....., un prêtre alors pouvait se dévouer, — les instructions secrètes, *monita secreta*, des jésuites lui en faisaient même un devoir, — afin de calmer les ardeurs de la femme mariée ou veuve, et de prévenir ainsi un mal beaucoup plus grand que la faute commise..... »

C'est ainsi que Pastoret et ses collègues raisonnaient avec les pénitentes qui venaient chercher des consolations auprès d'eux, et masquaient leur lubricité sous le voile de la religion; mais, dès les premières paroles échangées, ils comprenaient où ces dames voulaient en venir, et prenaient position en conséquence, tandis

que dans l'aventure qui arrivait en ce moment à Pastoret, tout venait dérouter ses prévisions et mettre en défaut son expérience. Depuis une heure environ qu'il soutenait l'assaut que lui livrait la belle inconnue, il n'était pas plus avancé qu'au début, et ne pouvait se former une opinion exacte sur ses véritables intentions.....
Il restait donc à chaque instant bouche béante comme un novice, et n'osait accentuer davantage ses protestations de dévouement.

De son côté, la jeune étrangère semblait prendre plaisir à augmenter ses incertitudes, et à jouer de lui comme le chat de la souris.

Ce n'était point sans motif qu'elle en usait ainsi, ne connaissant ni le caractère ni le tempérament de Pastoret, et ne voulant point subir l'humiliation d'un refus....., avant de lui faire connaître clairement le but de sa démarche, elle voulait lui sonder le *cœur et les reins*, comme dit le psalmiste, afin de voir si au dernier moment, elle ne se trouverait pas en présence d'une honteuse retraite.....

Toute la question se résumait à ceci : « Joseph laisserait-il son manteau entre les mains de Puthiphar ? »

La question était délicate, car le prêtre le plus dénué de préjugés pouvait hésiter dans l'église.

Il fallait cependant l'y amener, car ailleurs une rencontre était impossible, la duchesse de G***, la fine fleur du grand monde parisien, ne voulant à aucun prix que le petit abbé d'une paroisse excentrique auquel elle allait livrer, par pur dévouement à des intérêts de famille, les secrets trésors d'une beauté sans égale, pût la reconnaître un jour, et lui rappeler cette heure de suprême abandon.

C'est pour cela, qu'avant de livrer son dernier mot, elle soumettait Pastoret à toutes les épreuves que lui suggérait son imagination féminine, et qu'en fin de compte elle voulait obtenir de lui une déclaration formelle, sur laquelle le jeune homme ne put plus revenir......

Les dernières paroles prononcées par Pastoret avaient été suivies d'un assez long silence pendant lequel la duchesse, sous l'empire de ses réflexions, avait laissé retomber sa belle tête sur sa main droite.

Ce mouvement, en faisant glisser la manche du peignoir de cachemire des Indes, qu'elle avait revêtu pour la circonstance sous son domino, découvrit jusqu'au coude un bras potelé, d'une éclatante blancheur et d'un admirable modelé, à peine séparé du prêtre par le grillage de bois, contre lequel il se reposait…..

…. Et Pastoret était là, haletant de désirs, buvant des lèvres les capiteuses émanations d'un corps frais et jeune, qui lui arrivaient à flots tièdes et parfumés !…. Rien d'enivrant comme cette odeur de chair aristocratique, doucement échauffée par l'émotion, l'étrangeté du lieu, un brin de sensualité peut-être, d'où s'échappaient de passionnelles et irritantes effluves…., il laissa échapper un soupir ! Si légère que fut cette plainte arrachée, malgré lui, à l'acuité de ses sensations, la duchesse l'entendit et comprit qu'il était temps de brusquer la conclusion.

— Monsieur Pastoret, lui dit-elle, puisque vous êtes prêt à tout, pour m'être agréable, vous allez savoir ce que j'attends de vous : Je suis venue dans une circonstance bien grave vous demander *d'abord* un conseil...

— Un conseil ! balbutia le pauvre abbé qui retombait du ciel sur la terre...

— J'ai dit : *d'abord* un conseil, reprit la jeune femme, et *ensuite* un service, dois-je ajouter, pour terminer ma phrase et ma pensée, le conseil est pour une de mes amies.

— Oh !

— Mais le service est pour moi.

— Oh !

Quiconque eût entendu cette double interjection oh ! telle que l'abbé l'avait prononcée, aurait compris qu'elle pouvait, selon les cas, avoir des significations bien différentes.

En rejetant sur le compte d'une amie ce que la duchesse de G**** appelait un conseil, elle voulait se ménager une dernière porte de sortie pour le cas où des scrupules religieux arrêteraient l'abbé sur la pente bien séduisante cependant, où elle l'entraînait peu à peu. Dans son amour-propre de femme, et son orgueil de grande dame, elle tenait à sortir sans humiliation de cette curieuse aventure, dont elle avait arrêté elle-même toutes les péripéties...

Ce n'était pas sans une certaine émotion qu'elle avait dirigé cet entretien; venue pour s'abandonner volontairement aux caresses de cet homme, jeune et vraiment beau, revêtu d'une auréole sacrée qui, pour certaines femmes, est d'un irrésistible attrait, elle n'était point restée insensible à la pensée de le sentir la couvrir de baisers brûlants, et se pamer dans ses bras, et ce fut sous le coup d'un véritable eréthisme sensuel, le sein agité de petits frissons passionnés qu'elle se décida à brusquer la situation.

— Mon amie, continua-t-elle de sa voix harmonieuse, qui remuait Pastoret dans tout son être, est à peine âgée de vingt-quatre ans, mariée depuis sept, elle a eu une seule fois l'espoir d'être mère, espoir qu'un funeste accident est venu détruire. Depuis, son mari s'est vu enlever par une blessure qu'il s'est fait lui-même à la chasse, imprudemment, toute possibilité de laisser à des héritiers de son sang, son nom qui est un des plus beaux de l'armorial de France, ses titres et son immense fortune. Personne, je dois vous le dire, ne connaît les terribles conséquences de ce fâcheux événement.

« Après avoir hésité longtemps, poussé par des raisons intimes, aussi fortes parfois dans les grandes familles que la raison d'Etat qui, en pareil cas, parfois, fit céder les rois, ce pauvre mari, qui adorait sa femme, finit par la supplier de lui donner elle-même cet héritier, qu'il ne pouvait plus avoir avec elle.

« Il lui laissa le soin de trouver le père, à la condition expresse qu'aucune liaison n'en résulterait, qu'elle ne chercherait pas à se donner par amour, et qu'en tout cas, l'homme choisi le serait dans des circonstances où il ne pourrait jamais la reconnaître plus tard, ni découvrir son nom et sa position sociale.

« Après de mûres réflexions, mon amie en vint à se persuader que, seul, un prêtre pourrait remplir les conditions obligatoires ; rien de plus facile, en effet, que de lui faire comprendre la grandeur du service qu'il rendrait, en empêchant, ainsi, l'extinction d'une des plus illustres familles de la France.... Et puis, que serait la faute commise, en comparaison de l'importance du résultat?

— Oh! Madame, n'appelez pas cela une faute, interrompit Pastoret, avec un accent si passionné qu'il fit tressaillir la jeune duchesse.

— Alors, à votre avis? continua cette dernière, avec une indicible émotion.

— A mon avis! exclama le jeune homme..... Ah! Madame, vous voulez donc me faire mourir à vos pieds, dites-moi, je vous en supplie, que ce conseil, c'est pour vous que vous êtes venue le demander.... dites que c'est sur moi, indigne, que votre choix...., excusez-moi, je ne suis plus maître de mes pensées..., ma tête s'égare..., ah! quel délire, quel bonheur entrevu ! et ce n'est peut-être qu'un songe...

Tout à coup, il poussa un cri, à demi étouffé sous un ardent baiser....

Pendant qu'il se livrait à son exaltation, la duchesse avait, d'un mouvement d'épaule, laissé glisser son domino, et entr'ouvrant la porte du confessionnal, était venue tomber dans ses bras..., et l'exclamation arrachée par la surprise à Pastoret s'était écrasée sur les lèvres ardentes de la jeune femme.

A ce moment, et comme pour les protéger, la lumière vacillante du cierge qui les avait éclairés jusqu'alors, s'éteignit, faute d'aliment, et les deux amants restèrent plongés dans la plus profonde obscurité.

Mais peu leur importait! cette circonstance leur était, au contraire, des plus favorables en ce qu'elle les mettait à l'abri de toute surprise extérieure. Un passant attardé aurait pu s'étonner d'apercevoir encore de la lumière, à cette heure de la nuit, dans l'église, et donner l'alarme par crainte du feu ; cette hypothèse, maintenant, n'était plus à redouter, et rien ne devait troubler les amoureux ébats dont les voûtes du temple allaient être les discrets témoins.

Pour ne gêner en rien l'œuvre de maternité qu'elle poursuivait, la duchesse, avant de quitter son hôtel, s'était débarrassée de tous ces accessoires de toilette que la mode impose aux femmes, sous le mensonger prétexte de faire valoir leur beauté. Sur une chemise de batiste, elle avait simplement passé un fin peignoir de cachemire, espèce de sortie de bain flottante, qui laissait à son beau corps toute sa liberté, et s'était enveloppée, pour sortir, dans un vaste domino de satin, muni d'un capuchon qu'elle avait rabattu sur sa tête nue.

En la recevant dans ses bras, Pastoret l'avait, pendant quelques instants, étroitement pressée contre sa poitrine, comme pour se donner le temps de revenir de son émoi, et de savourer lentement toute l'ivresse du premier baiser.

Leurs lèvres, avides de s'unir, s'étaient rapprochées avec une telle frénésie, qu'elles s'entr'ouvrirent sous leur mutuel effort.... et leurs dents s'entrechoquèrent comme les becs de deux ramiers, dans l'ombre mystérieuse des bois.... Quelle plume pourrait décrire les enivrantes sensations de Pastoret, lorsque, peignoir et fine batiste cédant à ses audacieux désirs, il put promener une main hardie sur les hanches onduleuses et fermes, les seins fiers et robustes, et les plus secrètes beautés de la jeune duchesse, qui s'abandonnait toute frissonnante, aux brûlantes caresses de son amant...

A un moment donné, ce dernier l'enleva dans ses bras nerveux et la couchant doucement sur le moelleux tapis de l'autel de la Vierge, qui se trouvait près de son confessionnal, il se jeta à genoux près d'elle, et dans son exaltation amoureuse, couvrit de baisers brûlants cette chair palpitante, à la peau moite et satinée, d'où s'exhalaient les plus excitants parfums... nouveau Jason à la conquête de la Toison d'or, ses lèvres avides s'arrêtèrent avec délices au fronton du temple dédié à Vénus, source immortelle de fécondité, pour y offrir le mystérieux sacrifice aux plus ardentes et aux plus suaves voluptés...

A cet instant suprême, la duchesse laissa échapper un léger cri...

— Non! non! je veux être mère! ah! grand Dieu! il ne m'écoute plus!...

Mais ce fut tout: à cette faible résistance succédèrent sans interruption, des soupirs à demi étouffés, des plaintes sourdes, entremêlées de mots étranges, qui acquéraient une intensité singulière, sous les voûtes sourdes du lieu, et exaltaient Pastoret jusqu'au délire... Où donc les avait-elles apprises, ces expressions maudites, la belle duchesse aux doux yeux rêveurs?.. Nul ne les avait encore murmurées à son oreille..., mais il est une heure où la femme la plus chaste, quand son amant s'égare sous les ombrages de Lesbos, devient pour cinq minutes, Messaline ou Sapho !...

A bout de forces, exaltée jusqu'au délire, la jeune duchesse sembla jeter toute son âme dans un dernier cri... et pamée, demi-mourante, elle s'accrocha frénétiquement au cou de Pastoret, qui avait saisi cette minute suprême pour la prendre dans ses bras et lui prodiguer de nouvelles caresses....Tout-à-coup, elle tressaillit de bonheur ! l'œuvre mystérieuse était accomplie..., elle venait de sentir tomber dans son sein les germes fécondants de sa future maternité.

Combien dura cette nuit d'amour, de folle ivresse, entre deux êtres jeunes, robustes, qui retrouvaient sans cesse de nouvelles forces pour assouvir des appétits sans cesse renaissants, qu'exaltaient encore l'étrangeté du lieu, le silence imposant qui les environnait, la situation particulière à chacun d'eux et la conviction où ils étaient que ce roman, à son début, était déjà près de sa fin !...

Il y a plus : l'abbé était absolument blasé sur le *sacrilège* qu'il commettait, car il y avait longtemps qu'il ne croyait plus ni aux mystères, ni aux dogmes de son Eglise, il ne perdait même aucune occasion de les tourner au ridicule, lorsqu'il se trouvait avec son ami Gervaisis, qui lui, ainsi que nous l'avons vu, ne s'était pas encore débarrassé de son bagage de séminaire...

Mais la duchesse, qui avait conservé la plupart des préjugés que l'éducation enracine chez les gens du monde, trouvait, au contraire, un plaisir plus âpre et plus ardent à se livrer comme une *fille*, sur les marches de l'autel de la Vierge, dans la maison consacrée au Seigneur !

Pastoret ne comptait déjà plus les femmes qui s'étaient données à lui ; mais parmi celles qui étaient restées dans son souvenir, il n'en était pas une seule qu'il pût comparer à sa nouvelle conquête pour l'ardeur du tempérament, la science et le raffinement des caresses, la grace féline des manières et ce je ne sais quoi, dans l'ensemble de sa personne, qui faisait de la duchesse l'être le plus parfait que la nature eût formé pour l'amour.

Cette nuit-là devait naître, dans l'âme de Pastoret, une de ces passions qui décident de la vie entière d'un homme et entraînent souvent, après elles, des conséquences dont il est impossible de prévoir la portée.

Les faits humains ne restent malheureusement pas circonscrits entre ceux qui devraient seuls en supporter la responsabilité, c'est-à-dire entre ceux qui les ont fait naître ; comme l'arbre dont le vent a jeté la graine au milieu d'un parterre et qui ne tarde pas à étouffer sous son ombrage les plantes et les arbrisseaux voisins, toute action humaine possède une influence de rayonnement dont les résultats se font sentir, la plupart du temps, bien au-delà des causes qui l'ont engendrée !

C'est ce qui devait arriver de l'amour insensé conçu par Pastoret pour la duchesse de G...; à la suite de cette aventure, le déshonneur, le deuil et les larmes devaient entrer dans une maison des plus recommandables, qui ne se doutait même pas, en ce moment, que son sort se jouait entre des personnages qui lui étaient complètement étrangers.

Les heures s'étaient écoulées rapides, sans que les deux amants se fussent inquiétés d'autre chose que de calmer leurs mutuelles ardeurs. Tout à coup, un faible rayon de lumière vint frapper les vitraux supérieurs de l'Église.....

— Le jour, fit la duchesse effrayée... Si on allait nous surprendre !... Puis, toute rougissante de se voir nue, dans les bras de Pastoret, elle chercha à se dégager, en murmurant faiblement : « Oh ! laisse-moi partir !... J'ai peur ! »

— Ne crains rien, ma douce amie, répondit ce dernier, dont les yeux s'allumèrent de nouveaux désirs, à la vue de ce beau corps qui se pressait contre lui et que les voiles de la nuit avaient caché à son admiration. — Ne crains rien ! nul ne peut ouvrir du dehors, puisque j'ai conservé les clefs,... divin trésor d'amour ! âme de ma vie ! encore un dernier baiser !

— Tu es beau, toi aussi ! répondit la duchesse à demi rassurée, et elle promena ses grands yeux de gazelle sur le corps blanc et délicat de son amant ;... puis, d'un mouvement frénétique, elle l'entoura de ses bras, de ses jambes, écrasant ses seins de marbre contre sa poitrine ;... leurs bouches entr'ouvertes se rencontrèrent, et, de nouveau, le silence de la nef fut troublé par le doux murmure des baisers entremêlés de soupirs et d'amoureuses plaintes...

Lorsque la duchesse revint à elle, toute chancelante et brisée, elle aperçut le jeune abbé qui la regardait avec une curiosité ardente ; grâce au jour qui avait continué à croître, Pastoret pouvait maintenant distinguer les traits fins et gracieux de son magnifique visage... La jeune femme poussa un léger cri d'effroi et fit un mouvement comme pour cacher sa figure dans les flots de son opulente chevelure, mais elle comprit que cela ne servirait qu'à froisser son amant, qui l'avait assez vue pour la reconnaître entre mille, et, se dégageant doucement de l'étreinte qui voulait la retenir encore, elle s'enfuit dans le confessionnal et s'y enferma pour réparer, dans la mesure du possible, le désordre de ses vêtements.

Cinq minutes après, les deux amants se retrouvaient en présence, sans que rien, dans leur tenue, pût faire douter de ce qui venait de se passer. Enveloppée toute entière dans son *surtout* de soie, qu'elle portait avec l'élégance d'une Parisienne, la duchesse semblait être venue là pour assister à la première messe du matin.

— Adieu, Maurice, fit-elle au jeune homme, avec une inflexion pleine de tendresse ; le temps nous presse ; prête-moi donc toute ton attention. Je compte sur la parole que tu m'as donnée, mon ami !... Tu ne chercheras pas à me revoir, n'est-ce pas ?..

— Hé ! quoi ! répondit le jeune homme, la

figure contractée par une réelle douleur, est-ce que tout serait fini entre nous ?...

— Non ! rassure-toi ! Je devais, quand même, te donner encore deux ou trois rendez-vous,... jusqu'à ce que je fusse bien certaine..., — la jeune femme rougit et n'acheva pas... — enfin, tu me comprends ?

Pastoret fit un signe d'acquiescement.

Chose étrange : cinq minutes auparavant, la jeune femme laissait échapper de sa bouche charmante de ces expressions que l'exaltation amoureuse ne suffit pas à excuser, et maintenant la seule allusion à la maternité qu'elle avait cherchée suffisait à teinter de rose les blancheurs neigeuses de son teint...

— Aujourd'hui, continua-t-elle, je sens que je vais t'aimer, si ce n'est déjà fait... Dans tous les cas, il me semble que je ne pourrais m'habituer à ne plus te revoir... Faisons donc un pacte, que tu vas me jurer d'observer. Je ne te rends point la parole que tu m'as donnée cette nuit !... Tu ne devras jamais chercher à connaître mon nom, ni ma demeure, en un mot à savoir qui je suis...

... « Si tu viens à me rencontrer au bois, à une fête de charité, dans le monde, tu ne dois trahir ni ta surprise, ni ta joie. La moindre de tes manifestations, de tes gestes serait immédiatement remarqué, dans les premières années surtout... Mon mari, pour des raisons majeures que je t'ai expliquées, tient à avoir un enfant de mon sang, qui, naturellement, passera pour le sien aux yeux de tous; mais, à aucun prix, il n'accepterait que le véritable père me connût ou fût averti de sa paternité, et je dois te prévenir qu'il est assez puissant pour te faire disparaître et que je ne pourrais rien faire pour te sauver... J'ai été bien imprudente en oubliant les précautions que je devais prendre contre toi; mais il me répugnait de me donner au premier venu comme une prostituée; j'ai voulu choisir, suivre mon penchant, et le résultat de cette faute peut nous perdre tous les deux. Si donc tu ne te sens pas la force de subir les conditions que je t'impose, non-seulement nous allons nous séparer dans quelques instants pour ne plus nous revoir ; mais, encore, si tu cherchais à me retrouver, je t'abandonnerais à ton malheureux sort. Ne m'accuse pas ! Plus tard, si tu es discret, tu pourras savoir quels importants intérêts sont en jeu, dans cette affaire. Et si, tu te soumets fidèlement aux clauses de notre traité, je te promets, à mon tour, de te conserver comme l'ami le plus cher de mon cœur. »

— Oh ! dis comme ton amant,... cruelle...

— Appelle-moi Marcelle, c'est un de mes petits noms, et il est inconnu de tous ceux qui m'entourent...

— Ah ! Merci, chère Marcelle !

— Je continue. Je te promets donc de te conserver comme mon *amant*,... puisque tu tiens à cette qualification, et de te voir une fois par mois environ...

— Si peu !... balbutia Pastoret.

— Tu oublies que je ne suis pas libre et

qu'au moindre doute je serais surveillée. C'est assez, du reste, pour que la satiété n'arrive jamais entre nous. Un petit mot par la poste t'indiquera l'heure, le jour et le lieu du rendez-vous ; c'est encore le moyen le plus sûr de correspondance. Il pourra m'arriver de rester un mois et plus sans t'écrire; que cela ne t'étonne ni te chagrine : j'ai des devoirs de châtelaine à remplir, à la campagne, auprès de nos nombreux invités, surtout pendant la saison des grandes chasses; je te revaudrai cela pendant les autres périodes de l'année, où nous ne quittons pas Paris... Cela durera autant que cela nous conviendra, et je tiens par-dessus tout que le temps ne consacre aucun droit de possession pour l'un comme pour l'autre et que chacun de nous reste absolument maître d'en finir avec cette liaison, dès qu'elle deviendra un fardeau pour lui ! Il te suffira à toi, Maurice, pour me faire comprendre tes intentions, de négliger de venir au rendez-vous que je t'aurai donné, sans prendre la peine de t'excuser, et à moi, au contraire, de t'écrire que le précédent rendez-vous doit être considéré comme le dernier. Voilà tout ce que je voulais te dire ; je crois n'avoir rien oublié... Si tu acceptes, embrassons-nous, en nous disant : *A bientôt !*... Si tu refuses, embrassons-nous encore, en nous disant : *Adieu, pour toujours !*

La duchesse avait prononcé ces paroles avec un petit air décidé, mêlé cependant d'une certaine douceur dans l'intonation de la voix, qui ne devait laisser aucun doute dans l'esprit de Pastoret sur la fermeté de son caractère et le sérieux des propositions qu'elle venait de lui faire ; aussi, profondément ému et poussé surtout par la crainte de la perdre, lui jura-t-il solennellement d'exécuter ponctuellement toutes les conditions qu'elle avait imposées à la continuation de leurs relations.

Un long et ardent baiser scella leur accord, et Pastoret se hâta d'aller ouvrir la grande porte de l'église, pour permettre à l'appariteur de venir sonner la messe de six heures du matin, qui était dite précisément par lui comme étant de semaine.

Il était temps..... car la clef n'avait pas plutôt tourné dans la serrure, qu'un bruit de pas retentissait au dehors et que le père Joseph entrait clopin-clopant, se dirigeant vers la sacristie. Pastoret s'était rapidement effacé derrière un des piliers qui soutenaient le portique, pendant que la duchesse agenouillée semblait être entrée depuis quelques instants pour faire sa prière.

Dès que l'appariteur eut disparu dans le chœur, la jeune femme salua et sortit, bientôt suivie par Pastoret qui la rejoignit dans la rue, et se mit à marcher tout doucement à ses côtés, comme s'il accompagnait une parente.

Il pouvait être cinq heures et demie du matin ; un admirable soleil de mai inondait Paris de ses rayons, et des ouvriers de toutes espèces de professions affluaient sur les boulevards extérieurs, se rendant à leurs usines ou à leurs ateliers.

Quelques haussements d'épaules, suivis de lazzis débités de ce ton grassayant des faubouriens, accueillit le prêtre et sa compagne, et ils se hâtèrent de s'y soustraire en se rendant à une station de grandes remises, où Pastoret ordonna de préparer un coupé.

— A lundi soir, lui dit la duchesse en montant dans la voiture, et le jeune abbé s'éloigna rapidement pour regagner son église.

Une demi-heure après... la duchesse, arrivée chez elle, se jetait en sanglotant sur son lit... elle avait profité d'une absence du duc pour exécuter leur projet, et maintenant qu'elle revoyait ces lieux qui l'avaient connue chaste et purs, le dégoût lui montait du cœur aux lèvres, et elle se méprisait.

Quelle singulière créature que la femme ! esclave la plupart du temps de ses nerfs déséquilibrés, elle ne vit que de sensations externes dans le vice comme dans le bien, ignore la séparation qui existe entre les grands criminels et les héros, et écrit de même encre des lettres d'amour à Lacenaire ou à lord Byron.

Un jour, une femme de haut parage racontait à son confesseur qu'elle avait été violée par son valet de chambre, un matin qu'il l'avait surprise demi-nue, pendant l'absence momentanée de ses femmes de service. Elle s'était tue, pour éviter une immense douleur à son mari, qu'elle adorait, et la honte d'un scandale public à elle-même. Mais elle avait contraint l'auteur de l'attentat à s'expatrier, par crainte de la cour d'assises. Elle n'était donc coupable en rien. Cependant elle avoua à son confesseur, et c'était le motif de sa confession, que lorsque le rustre l'avait brutalement jetée sur le lit, la bâillonnant avec sa propre chemise qu'il avait relevée, pour l'empêcher de crier, elle avait, au premier contact du misérable, éprouvé *la même sensation physique* que celle que donne l'amour pour couronner son œuvre..... Pur effet nerveux occasionné par l'excès même de l'émotion ; mais après cela, épuisez-vous donc à écrire des études physiologiques et psychologiques sur la femme, sans tenir compte de la nervosité spéciale à chacune.

Autant de femmes, autant de variétés spéciales dans l'espèce ! Le type unique n'existe pas ; donc point de physiologie possible.

Le prêtre et le médecin qui prétendent la bien connaître, se trompent simplement un peu moins que les idéologues.

L'un prend l'habitude de ne la juger que par ses vices, car elle ne va pas au confessionnal pour y narrer ses belles actions.

L'autre ne l'étudie que par les observations physiologiques qui nécessitent son intervention, car elle n'a pas besoin de lui quand elle est saine et bien équilibrée.

Toutefois, c'est encore le prêtre qui peut le mieux juger cet être ondoyant et divers, tantôt capable de tous les dévouements et digne de tous les respects, tantôt prêt à se plonger dans tous les excès, lorsque ses passions et ses nerfs sont en jeu...; qui saura jamais la part que l'*homme noir* a dans ces excès ? Derrière toute chûte de femme, il y a presque toujours un prêtre, même quand il n'en est pas la cause directe. Cet être néfaste a fait du confessionnal une *école préparatoire* de débauche, et quand il ne prend pas sur ses genoux les petites filles qu'il confesse dans la sacristie, il leur pose des questions tellement obscènes, que l'âme si naïve et si pure de l'enfant en est à tout jamais souillée. L'imagination étonnée travaille, veut savoir, et finalement est initiée par le prêtre à de honteux secrets, que la jeune fille élevée sous l'œil protecteur de sa mère eût peut-être ignorés toute sa vie.

Interrogez vos mères, vos femmes, vos parentes..., toutes vous diront que la première pensée qui est venue troubler leur candeur, leur a été suggérée par le prêtre, dans le confessionnal.

Il y a de ces misérables qui commencent à corrompre graduellement par des conversations obscènes l'intelligence de jeunes filles de douze à treize ans, sur lesquelles ils ont jeté leur dévolu, et qui peu à peu les amènent à se livrer d'elles-mêmes, par curiosité malsaine, soit à eux, soit au premier venu, qui profite ainsi du terrain qu'ils ont préparé.

Si les pères de famille connaissaient le réel danger du confessionnal, non-seulement pour le présent, mais encore pour les conséquences qu'a, dans l'avenir, sur l'imagination et la conduite de leurs filles, l'immorale semence qui est jetée dans leur cœur, il y a longtemps que la réprobation publique eût contraint l'église de Rome à y renoncer, ce qu'elle ne fera jamais d'elle-même ; car elle ne règne que par la corruption intellectuelle et morale des femmes.

Nous en verrons bien d'autres, au cours de ce récit. Que l'on ne croie pas que Pastoret et Gervaisis soient deux héros imaginaires, sortes de types spéciaux destinés à représenter, le premier, le prêtre né au milieu du scepticisme corrompu des villes, ne croyant à rien dès sa première jeunesse et choisissant la profession comme un bon métier ; et le second, le prêtre d'extraction rurale, conservant encore un fond de croyance, lorsqu'il a subi le niveau corrupteur .... Si telle avait été mon intention, j'eusse procédé didactiquement, étudiant, pour ainsi dire, par catégories toutes les formes de corruption par le confessionnal, à l'aide de Gervaisis, l'homme des champs, aux grossiers appétits, et j'eusse reporté sur Pastoret toutes les formes de séduction, toutes les bonnes fortunes communes aux prêtres élégants qui vivent au milieu des gens du monde et sont experts dans l'art de les exploiter..... Mais tel n'est point mon cas. Pastoret et Gervaisis ont vécu tous deux ; j'ai été jusqu'à la fin de leur existence dans leur très grande intimité, et, témoin de leurs aventures, confident de leurs pensées, je ne fais que relater, pour ainsi dire, au jour le jour, des faits qui se sont passés, je puis presque dire sous mes yeux, puisque j'en ai connu tous les acteurs, et que parfois même j'y ai été mêlé dans des circonstances que je ne cacherai pas. bien qu'elles n'aient pas toujours été à mon honneur.

Ce fait que mes deux héros sont vivants explique certaines aventures, certaines bonnes. fortunes élégantes qui, autrement, eussent pu paraître illogiques, attribuées à Gervaisis, plutôt qu'à son ami... La nature vraie n'est logique que dans ses synthèses d'ensemble, dans ses lois ; elle est variable, contingente et sujette à l'exception dans les faits. C'est pour cela que Pastoret et Gervaisis, tout en représentant assez bien les deux spécialités de prêtres fournies par les villes et les campagnes, n'en sont pas plus les types absolus qu'un seul individu, quelle que soit l'espèce à laquelle il appartienne, n'est le type de cette espèce.

Ce dont je puis répondre, par exemple, c'est que pas un des événements qui se rattachent à la vie de ces deux hommes n'a été exagéré ; et si l'un trône en ce moment avec la crosse et la mitre, sous la soutane violette de l'évêque, donnant ses belles mains blanches à baiser aux nobles dames de son diocèse, tandis que l'autre est mort à Londres, prêtre interdit, sur un grabat d'hôpital, cela tient à ce que l'intrigue, la fausseté et l'hypocrisie sont les reines du monde, de ce monde qui, d'après l'Ecriture « a été livré aux disputes des méchants ».

III

LA NUIT DE NOCES D'UN PRÊTRE

La cérémonie de l'ordination, une des plus importantes de l'église catholique, avait eu lieu, entourée de toute la pompe que Saint-Sulpice déploie à cette occasion.

Rien ne saurait donner une idée même affaiblie de la richesse des costumes et de l'effet produit par les chatoiements d'or, d'argent, se mariant à la blancheur immaculée des toges brodées, au rouge des cardinaux, au violet des évêques, au milieu d'une foule innombrable de prêtres, de missionnaires, de diacres, qui se pressent à l'envi dans le chœur, pendant que d'épais nuages d'encens envahissent peu à peu toute la nef et semblent monter aux cieux avec les chants et les prières des officiants de la prêtrise, et que l'orgue lance des flots d'harmonie dans l'enceinte sacrée.

Rien n'est solennel comme cet instant suprême où les jeunes lévites, à la voix de l'archevêque prononçant les formules saintes, s'apprêtent à franchir le dernier obstacle qui va les consacrer pour toujours au service des autels !...

La veille encore, en proie à ses irrésolutions habituelles, Gervaisis ne savait à quel parti s'arrêter; à l'encontre de son ami, son incrédulité était toute superficielle, et on conçoit qu'il ne pût se résoudre à être toute sa vie un mauvais prêtre, au point de vue de ses croyances, et à devenir après sa mort l'hôte éternel de *messire Satanas,* comme disait Pastoret, qui criblait d'épigrammes la grande chaudière de l'ange déchu, qu'il appelait la marmite des invalides de l'esprit, des estropiés intellectuels..., etc.

Le malheureux eût certainement reculé une fois de plus, à l'heure du suprême engagement, et cette fois il devait infailliblement recevoir l'ordre de quitter la soutane pour rentrer dans le monde séculier, si, la veille, il n'eût reçu, par l'entremise d'un serviteur complaisant, un petit billet fleurant l'ambre et contenant ce seul m en anglais :

« Remember ! »

c'est-à-dire « Souviens-toi ! »

Ce n'était pas signé, mais Gervaisis n'eût pas de peine à reconnaître l'écriture de madame de La Morlange, et s'il lui avait été possible de douter, ce mot d'une langue étrangère qu'elle lui avait adressé, en guise d'adieu, le jour même où il quittait l'hôtel de la rue de Varennes pour revenir à Saint-Sulpice, aurait suffi à le convaincre qu'il ne se trompait pas.

— Allons, fit-il en passant frénétiquement ses lèvres sur le papier satiné, le sort en est jeté, je serai prêtre ! puisqu'elle le veut.

Sa passion pour Mme de La Morlange n'avait

fait que croître pendant ces huit jours de claustration ; mais il éprouvait une si grande défiance de lui-même, que, malgré tous les raisonnements de son ami Pastoret, il n'avait pu jusqu'à ce jour se persuader que la grande dame eût daigné abaisser ses regards jusqu'à lui ; cependant, l'insistance bien démontrée cette fois qu'elle mettait à le voir prononcer ses vœux, commença à ébranler sa conviction, et il pensa que la prédiction de Pastoret pourrait peut-être bien s'accomplir.

La nuit entière s'écoula pour lui dans une fiévreuse agitation ; le cerveau tiraillé par des rêves étranges, où venaient se heurter ses appétits sensuels et ses croyances superstitieuses, tantôt il se voyait errant et maudit comme un parjure, marqué par la main de Dieu dans sa justice vengeresse, tantôt, au contraire, il éprouvait les plus délirantes sensations, car la baronne, les seins nus, belle d'impudeur, se livrait à lui sur l'autel où il venait de dire sa première messe.....

Au petit jour, il s'était éveillé brisé, anéanti... quelqu'un frappait à sa porte ! Son directeur spirituel entra, et Gervaisis comprit immédiatement quel était le but de cette matinale visite.

— Mon cher enfant, lui dit le vieillard, excusez-moi de venir ainsi troubler votre sommeil ; mais l'heure est solennelle. Vous savez que j'ai remis à ce matin l'absolution générale que je devais vous donner hier soir, et cela sur votre propre demande ; je désire savoir si la grâce divine, par l'intercession de notre mère céleste, vous a enfin éclairé sur votre vocation.

Gervaisis n'avait pas encore reçu le petit mot de Mme de La Morlange lorsqu'il avait, la veille, fait part de ses hésitations à son confesseur... mais le désir, si clairement exprimé, de la baronne était pour lui un ordre ; il se serait jeté au feu pour un de ses regards, damné pour un baiser d'elle..., aussi répondit-il d'un ton ferme aux onctueuses paroles du vieillard :

— Mon père, j'ai passé une partie de la nuit en prières, et tout-à-coup le calme s'est fait dans mon cœur ; une béatitude divine et une joie souveraine ont envahi tout mon être, et mes dernières hésitations se sont dissipées comme les vapeurs du matin sous les chauds rayons du soleil ; je n'aspire plus, aujourd'hui, qu'à me vouer au service du Seigneur.

Le vieux prêtre fut un peu étonné de la fermeté avec laquelle le jeune homme avait prononcé ces paroles, car il connaissait de longue date la faiblesse de caractère de Gervaisis ; mais il attribua à la grâce ce qui était un effet de l'amour, et il donna au jeune diacre l'absolution générale, sans laquelle ce dernier n'eût pu se présenter à l'ordination.

Cependant, en quittant la cellule du néophyte, l'abbé Bompard, c'était le nom de ce doyen d'âge de Saint-Sulpice, ne put s'empêcher de murmurer, dans le doute persistant qu'il ne parvenait pas à chasser de son âme :

— Je n'aime pas ces hercules à tête d'Antinoüs, dont toute la force n'est que matière... ce sont presque toujours de faibles intelligences que les femmes nous enlèvent, et je crains bien que celui-là ne nous occasionne plus tard de graves ennuis..... Je le surveillerai !

Le vieux prêtre, qui, pour sa part, était revenu depuis longtemps des erreurs de ce monde, ne devait pas tarder à se rappeler ses prophétiques appréhensions.

Quelques heures après, Gervaisis, au premier rang des jeunes diacres, d'après son ancienneté, pâle, l'œil fiévreux, s'avançait d'un pas lent, mais ferme, dans le chœur, au bruit des chants sacrés, soutenus par les majestueuses modulations de l'orgue... Tout-à-coup, les chants s'arrêtent, les voix des officiants se taisent, le dernier bourdonnement de l'orgue s'éteint dans l'immensité de la nef, et seule dans le lointain, une cloche teinte lentement, comme pour scander la marche des jeunes lévites...; c'est l'heure solennelle, les néophytes sont seuls avec Dieu et leur conscience, car, dans l'immense assistance, pas un bruit ne se fait entendre...Ils approchent de l'obstacle suprême..., une simple ligne blanche tracée dans le sanctuaire..., plus qu'un pas et la distance est franchie... A cet instant qui va décider de leur vie entière, six d'entre ces jeunes gens s'arrêtent, ils tombent à genoux et des sanglots s'échappent de leurs poitrines..., mais les autres ont passé..., ils sont consacrés.., ils sont prêtres, et, parmi ces derniers, se trouve Gervaisis, succombant presque sous l'émotion qui l'étreint...

— Mon Dieu ! ayez pitié de moi, murmure le pauvre diable, c'est elle qui l'a voulu !

Heureusement pour lui, un immense chant d'allégresse et de victoire éclate dans l'église, toutes les voix s'unissent à la grande voix des orgues pour chanter l'hosanna des nouveaux élus, et, agenouillé avec ses compagnons, au pied des saints autels, il a le temps de reprendre son sang-froid.

Il n'y avait plus à y revenir, Gervaisis était définitivement consacré !...

Né pour être un solide gars, manœuvrant

faulx et charrue, la manie de recrutement du curé de son village et la vanité paternelle l'avaient envoyé au séminaire..., le caprice d'une femme l'avait fait prêtre !

En abandonnant sa petite cellule pour la chambre confortable que sa nouvelle qualité lui avait fait octroyer, Gervaisis s'agenouilla sur son prie-Dieu et pleura abondamment, il ne pouvait s'habituer à cette idée qu'il n'était qu'un prêtre sacrilège, et maudissait la passion coupable qui l'avait conduit à l'acte indigne qu'il venait de commettre. Il n'y avait pas chez lui, je l'ai déjà dit, l'étoffe d'un sceptique ; question de pur atavisme : chez lui, le cerveau n'était pas prêt. Fils de nombreuses générations de robustes paysans, il avait reçu d'eux une *religiosité* instinctive développée encore par l'éducation ; absolument réfractaire aux idées d'incrédulité que Pastoret et un petit groupe de Sulpiciens, beaux esprits, avaient cultivé dès le séminaire, il lui était impossible de pallier des actes, que sa conscience réprouvait, à l'aide de sophismes complaisants, et serait certainement resté un honnête homme dans le sens vulgaire du mot, si un malheureux concours de circonstances ne l'avait enlevé à la terre que cultivaient ses ancêtres.

Mais précisément, parce que son intelligence de rustre mal dégrossi se refusait à de subtiles compromissions qu'il ne saisissait pas, sa grossière nature, une fois excitée par la passion, n'admettait guère de tempérament, et il donnait tête baissée dans le vice et la débauche, comme un taureau en rut qui renverse tous les obstacles qu'on tente de lui opposer. Il trouvait même, dans ses remords et la crainte du châtiment futur, une sorte d'excitant qui l'empêchait d'arriver à la satiété, par l'attrait de la chose défendue, et la réprobation que lui inspirait sa propre conduite.

Toute sa vie, le malheureux devait être ballotté entre ses terreurs superstitieuses et les ardeurs de son tempérament, sans jamais atteindre à ce calme de la conscience et des sens auquel conduirait infailliblement le septicisme élégant de Pastoret.

Gervaisis devait rester au séminaire, maintenant qu'il faisait partie du clergé régulier, jusqu'à ce qu'il eût reçu la permission de Monseigneur de rentrer à l'hôtel de la rue de Varennes, comme chapelain de la famille de La Morlange, et instituteur du jeune Paul. C'est, du moins, ce que le supérieur du séminaire lui avait annoncé, après la cérémonie de l'ordination.

Pastoret n'avait certes pas prévu ce contretemps, lorsqu'il avait prédit à son ami que le jour même de sa consécration serait celui choisi par la baronne pour se donner à lui, et récompenser son long et respectueux noviciat. Aussi Gervaisis en avait-il éprouvé un cruel désenchantement, qui n'avait pas été étranger, peut-être, à la douleur qu'il avait laissé éclater dès qu'il s'était trouvé seul...

Sur les cinq heures, son ami vint le voir. Frais et dispos, on n'eût point dit que la nuit qui venait de s'écouler avait été consacrée par lui toute entière à d'amoureux exploits.

— Hé bien! dit-il en entrant, le sourire aux lèvres, cette fois nous avons donc fait le saut.

— Pour mon malheur, répondit Gervaisis, avec un long soupir.

— Voyons, mon petit *Zizis*, répliqua Pastoret, en employant le nom familier qu'il donnait à son ami au séminaire, te voilà donc retombé dans tes noires humeurs?

— Ce qui est fait est fait, et tous nos regrets ne changeront rien à la situation.

— Très bien, voilà qui est parlé en sage...

— Oui, mais sacrilège devant Dieu, parjure envers ma conscience... tout cela ne me portera pas bonheur!

— Vrai, mon pauvre Gervaisis, tu me peines singulièrement, quel terrible rocher de Sysiphe tu me fais! j'ai beau te prendre dans l'ornière où tu grouilles, te rouler, rouler jusqu'aux sommets élevés où planent les intelligences supérieures, qui prennent l'humanité pour ce qu'elle vaut, et traitent les hommes comme ils méritent de l'être. Si je t'abandonne seulement pendant vingt-quatre heures, je te retrouve pataugeant jusqu'au cou au milieu des préjugés ridicules et des contes à dormir debout, dont je croyais avoir débroussaillé ton cerveau ! Parole d'honneur, c'est à désespérer la plus angélique patience…, sacrilège envers Dieu, naïf autochtone de Cormeilles en Parisis ! et qui donc te parlerait en son nom ? Si tu étais né Turc, ce serait un moullah ou un dervische, Parsis, ce serait un guéber, Indou, un brahme, Chinois, un bonze, Peau-Rouge, un sorcier, etc…, j'en passe, et des meilleurs, car les sectes religieuses se comptent par centaines sur notre globe, et toutes prétendent avoir reçu directement la révélation divine, à l'exclusion des autres… Tire-toi de là, si tu le peux, et dis-moi où est la vérité, si tu l'oses… La vérité, niais que tu es, consiste dans le combat de la vie, à ne pas se laisser manger par les autres, et à se procurer la somme de plaisirs à laquelle a droit un être intelligent et habile qui sait ce que valent toutes les rêvasseries métaphysiques inventées par les prêtres, hiérophantes, bonzes et autres farceurs de cette espèce, pour *goberner* les imbéciles. Maintenant que tu t'es enfin décidé à passer du côté des forts, ne va donc pas te remettre toi-même dans les rangs des gobeurs et des exploités... Quoi ! voilà un bon métier qui jouit depuis des siècles de la considération universelle ! Les classes dirigeantes ont besoin de nous pour museler la force brutale, et dire à la grande masse des déshérités et des humbles : « Travaillez, suez, trimez, mes bons amis, plus vous aurez souffert en ce monde, et plus grande sera votre récompense dans l'autre. »

» Grâce à nous, les puissants peuvent jouir de leurs richesses et se gaver en paix, pendant que les misérables se remplissent le ventre avec des prières, dans l'attente de l'éternelle béatitude, ce qui fait que notre règne ne passera point, car on aura toujours besoin de nous... En retour, on nous permet de nous engraisser dans une douce et sainte oisiveté. Nous avons su nous soustraire aux charges qui pèsent sur la plupart des hommes, nous n'avons pas la peine d'élever une famille, de risquer notre vie pour défendre nos semblables, et nous n'avons renoncé au mariage que pour régner sur toutes les femmes, sans avoir l'inconvénient de supporter les frasques et les caprices de la nôtre... nous avons enfin le droit de nous procurer de l'argent à l'aide de toutes les ficelles du métier, la sainteté du but sanctifiant tous nos moyens, et tel qui serait poursuivi pour escroquerie, s'il n'était protégé par la soutane, peut se livrer tranquillement à son petit commerce d'aumônes et de prétendues bonnes œuvres, sous son tutélaire abri... Voilà ce qu'est la profession, sous son vrai jour, et tu hésiterais à en profiter... Ah! par exemple, il ne faut pas, comme on dit vulgairement « croire que c'est arrivé ». Un prêtre convaincu de la sainteté de sa mission, qui prend au sérieux tous ces décors de carton, tous ces portraits faits pour être vus de oin, sur lesquels on a brossé le père Eterne et sa longue barbe de modèle italien ou de vieux pifferaro, avec l'Esprit saint « descendez en nous » sous la forme d'une colombe, le Fils, qui s'est fait mettre en croix en venant batifoler sur la terre, la Vierge-mère, qui a été conçue et qui a conçu elle-même sans qu'un homme y ait mis le doigt, *c'est de famille ;* au-dessous, les anges et les saints, et dans le deuxième dessous, le Purgatoire, enfin, dans le troisième dessous, messer Satanas avec ses acolytes aux pieds fourchus, le tout panaché de sentences et maximes dans le goût suivant : « aimez-vous les uns les autres… aime ton prochain comme toi-même » traduction pratique : « dévore ton semblable, si tu n'en veux être dévoré », agrémenté de mystères à dormir debout, de dogmes à se tenir les côtes, avec une part de paradis au bout, à l'usage des imbéciles qui turbinent durant toute leur existence pendant que les heureux de la terre se gobergent en se moquant d'eux… Hé bien ! je te le répète, un prêtre, le successeur des antiques farceurs qui ont inventé toutes ces balivernes, qui a la naïveté d'y croire et d'y conformer sa conduite, est non seulement la première victime de sa bêtise, mais encore ne récolte, de la part de ses confrères, que haine et persécutions ; on le traite d'hypocrite, on l'accuse de vouloir la faire à la sainteté, et finalement, nul n'ajoute la moindre créance à sa bonne foi et à son désintéressement.

» Voilà mon sermon sur la montagne, le dernier, maintenant que tu fais partie de la bande sacrée, à toi d'en profiter ! En vérité, mes frères, je crois que je n'ai jamais si bien prêché !... c'est dommage que cela m'ait tout l'air de tomber dans l'oreille d'un sourd. *Benedicamus Domino ! Amen !*

Et Pastoret, ponctua comme toujours son homélie, par d'ironiques éclats de rire à l'adresse de son crédule compagnon.

Gervaisis l'avait écouté sans l'interrompre ; selon son habitude, il subissait l'influence de cet esprit gouailleur et superficiel, et comme toutes les intelligences un peu étroites, se sentait beaucoup plus ébranlé dans ses croyances par les sarcasmes et le ridicule déversés sur elles par Pastoret, que si ce dernier eût essayé de le combattre par des raisonnements sérieux; dans ce cas, en effet, le rude et tenace paysan se serait regimbé, et aurait accablé son adversaire d'arguments théologiques, et de syllogismes baroques qui, après avoir traîné pendant tout le Moyen-Age sur les bancs de la Scholastique, font encore aujourd'hui les délices des philosophes de séminaire.

Mais Pastoret s'était bien gardé de l'attirer dans cette voie, il le connaissait trop pour lui donner l'occasion de s'entêter dans de ridicules discussions.

— Tu as beau te moquer de moi, selon ton habitude, répondit Gervaisis, lorsque son ami eut cessé de rire, mais il se pourrait faire que j'eusse encore moins de préjugés que toi?

— Zizis, tu vas accoucher de quelque énormité.

— Nullement, je n'admets pas plus ton scepticisme, que les principes religieux que tu viens de ridiculiser.

— Zizis, tu deviens d'une profondeur...

— En effet, si les uns affirment sans savoir, les autres nient également sans raison.

— Bravo, Zizis, bravo ! il en résulte pour toi, que le commencement et la fin de la sagesse consistent à ne rien admettre, et à ne rien nier ! Sais-tu que tu as fait là une découverte admirable ? te voilà, du coup, passé chef d'école, tu pourras appeler cela, la théorie du *ni Oui, ni Non !* Et comme cela simplifie tout ! Toi et tes disciples, car tu auras des disciples, ô Gervaisis ! vous serez dorénavant les seuls à ne pas vous tromper. Exemple : Croyez-vous à la Divinité du Christ ? « Je ne dis ni oui, ni non. » Croyez-vous à la présence réelle ? « Je ne dis ni oui ni non. »... Croyez-vous qu'il pleut ?... même réponse. Enfoncés tous les sceptiques, Pyrrhon n'était qu'une mazette, et Montaigne un ramolli... Idéalistes, réalistes, spiritualistes, matérialistes, tous des imbéciles... Evohé! Gervaisis est notre maître à tous!

— Si c'est pour me traiter ainsi que tu es venu me voir? fit ce dernier ahuri par les façons de son ami.

— Tu me mets à la porte?

— A ton aise!

— C'est bien, je m'en vais, fit alors Pastoret d'un air tragique, souviens-toi que, lorsque j'ai secoué la semelle de mes bottes sur le seuil d'une demeure, plus jamais je n'y remets les pieds... ingrat! moi qui, comme le ramier revenant vers l'arche, accourrais t'apporter une nouvelle qui devait combler ton cœur de joie et d'espérance....., mais puisque tu le prends sur ce ton...

— Comment, sur ce ton! mais c'est toi qui depuis une demi heure me tourne et me retourne sur le gril... Allons, si je t'ai blessé, excuse-moi, et reste.

— Je ne dis *ni oui ni non*.

— Encore! fit Gervaisis larmoyant.

— Mais, grand enfant que tu es, tu ne vois donc pas que je plaisante. Ecoute, mon vieux camarade, je vais être sérieux maintenant, et conclure en trois mots : crois moi, les hommes sont mauvais, et ne veulent pas la peine que tu te donnerais pour eux, respecte les convenances, sauve les apparences en tout, dans l'intérêt de la corporation qui t'en saura gré et te soutiendra. Il faut que les masses continuent à croire à la soutane, mais, ceci fait, ne te sacrifie pour personne, on ne t'en saurait aucun gré, profite de toutes les occasions, de toutes les jouissances qui s'offriront à toi, et sois heureux le plus possible ici-bas,... car au-delà, vois-tu... je ne dis pas qu'il n'y a rien, ce serait faire comme la fourmi qui bornerait l'univers à son horizon, au dessus de ce qui *est*, il y a toujours quelque chose qui lui *est supérieur*, c'est la grande loi de l'*Évolution* qui va jusqu'à l'infini, et l'imparfait ne se soutient que par son aspiration vers le plus parfait. Mais, dans tout cela, il n'y a rien pour nous, ni vie future, dans le sens spiritualiste du mot, ni peines ni récompenses. Que sommes-nous ? des parcelles d'hydrogène, d'oxygène, d'azote, de carbone, de phosphore, de fer qui se désagrègent et retournent à la masse, afin de jouer de nouveau leur rôle dans le grand travail d'ensemble... Tes molécules de matière, les miennes, ont déjà vécu à l'état nébuleux, dans la masse cosmique, qui a formé le soleil et son système; des millions de fois, elles contribueront encore à former des mondes, mais qu'adviendra-t-il de ton *moi* et du *mien*. Rien! Le *moi* n'est que l'appétit de vivre inhérent à la matière organisée, simple force de concentration qui disparaît, avec l'organisation elle-même... C'est triste, j'en conviens, de faire son deuil de toutes les légendes poétiques qui ont bercé notre enfance... ; mais, que veux-tu, dans cette courte existence qui n'est qu'une lutte d'intérêts contraires, il s'agit de n'être ni dupes ni victimes, ce n'est pas en vain qu'on nous appelle des pasteurs d'hommes : entre le berger et le mouton, il y a la différence du ton-

deur au tondu, ne soyons donc pas moutons...
c'est ce que je me suis promis à moi-même, et
c'est la grâce que je te souhaite, compte sur
moi, du reste, pour t'empêcher d'être au nombre des sacrifiés. Ne nous sommes-nous pas
juré, au séminaire, de nous soutenir en tout et
contre tous ? aujourd'hui que nous sommes
prêtres tous deux renouvelons notre serment !

Les deux hommes échangèrent une vigoureuse poignée de main.

— Le monde est à nous, fit Pastoret.

— J'en accepte l'augure, répondit Gervaisis, qui, comme toujours, avait fini par subir extérieurement l'ascendant de son ami.

— Maintenant, continua ce dernier, j'arrive à la bonne nouvelle que je suis heureux de t'apporter...; mais d'abord, as-tu reçu quelque chose de la rue de Varennes ?

— Le billet que voici, et Gervaisis tira de son sein la missive parfumée de la baronne, qu'on lui avait remis la veille.

— Court, mais éloquent ! exclama Pastoret

avec un geste de satisfaction. Souviens-toi!
c'est-à-dire tiens ta parole, afin qu'il me souvienne de la mienne.

— Mais, Madame de La Morlange ne m'a rien promis.

— Comment! elle ne t'a rien promis? Que tu connais peu les femmes, mon pauvre Gervaisis, cela ne m'étonne pas, tu n'as encore adressé tes hommages qu'à des drôlesses... Il est vrai qu'entre elles et les femmes du monde la différence n'est pas grande...; tu te formeras vite heureusement, car tu vas être à bonne école, au milieu de toutes les belles invitées d'automne, au château de la Morlange..., rapproche de ce mot « souviens-toi » les paroles qu'elle t'adressait naguère, en t'engageant à recevoir le sacrement de l'ordre, et ses intentions à ton égard deviennent aussi claires que le jour; c'est pour elle, et non pour les autres femmes qu'elle mettait en avant, qu'elle désirait voir à ton front l'auréole du prêtre; tu l'as séduite avec tes formes d'hercule antique, ta tête de mâle velu respirant la passion brutale, il ne m'étonnerait pas que cette femme aimât à être fouaillée..., et ne voulant pas, je te l'ai déjà dit, se livrer à un paysan, ou à un futur déclassé, elle t'a poussé tout doucement vers l'autel, afin de pouvoir assouvir sa passion sans déroger.

— Je donnerais ma vie pour que tu ne te trompes pas !... Et ta bonne nouvelle ?

— La voici, tu en comprendras mieux l'importance maintenant... Depuis deux jours le baron est parti pour ses terres du Dauphiné, où il va, comme lieutenant de louveterie, organiser plusieurs grandes chasses, dans les bois dépendants de sa province.

— Ainsi que cela a toujours lieu à cette saison ; j'en étais les autres années, c'était un prétexte à des fêtes et à des réjouissances de toutes espèces, interrompit Gervaisis en soupirant.

— Pourquoi souffles-tu comme un bœuf ?

— Tu as toujours de ces comparaisons avec moi...

—Que veux-tu? c'est la revanche de ma taille, tu m'écrases avec ta tournure d'Hercule arrêtant le quadrige... et puis plains-toi, le vieil Homerus n'appelait-il pas Minerve *boopis Athènè*, la déesse aux beaux yeux de bœuf ; si la belle Athènè regardait comme un bœuf, tu peux bien souffler comme lui... Enfin réjouis-toi, si c'est de regrets de n'avoir pas accompagné le baron, que tu laisses échapper d'aussi gros soupirs, ce contre-temps n'arrive pas qu'à toi seul, car Madame de La Morlange s'est arrangée de façon à ne pas accompagner son mari.

— Dis-tu vrai? exclama Gervaisis, au comble du ravissement.

— Je t'affirme qu'elle n'a pas quitté son hôtel, et qu'elle n'ira pas dans le Dauphiné cette année, voilà ce dont j'avais hâte de te faire part, on dirait que vous vous étiez donné le mot tous les deux.... mais qu'as-tu? Ta figure se rembrunit.

— Je me suis réjoui trop vite.

— Pourquoi cela.

— D'abord, rien ne prouve que la baronne se soit privée de cette excursion, dans l'intention que tu lui supposes, en second lieu, aujourd'hui que j'appartiens au clergé régulier, je suis obligé d'attendre la permission de l'archevêché, pour rentrer comme précepteur du jeune Paul dans la famille de La Morlange, et lorsque cette permission me sera accordée, si elle l'est jamais, il y aura beau temps que le baron sera rentré chez lui.

— Peut-être?...

— Oh, c'est dans les traditions de la vicairerie générale, de faire traîner ces sortes de choses en longueur, avant de soumettre l'autorisation à la signature de Monseigneur, on veut avoir l'air de faire une enquête, et sur le précepteur, et sur la maison où il doit entrer en cette qualité... Tout cela prend presque toujours un grand mois,... et dans un mois?...

— Eh bien moi, répondit Pastoret, je suis d'un avis diamétralement opposé au tien, convaincu que la baronne saura bien s'employer à faire naître l'occasion de vous réunir tous deux beaucoup plus tôt, elle est femme, et ne saurait attendre patiemment le bon plaisir des sous-ordres de l'archevêché pour l'exécution d'un projet qu'elle me paraît caresser depuis longtemps..., maintenant, si je me trompe, tu en seras quitte pour attendre! La présence du baron n'est certes pas de nature à vous gêner beaucoup!

Ces paroles étaient à peine prononcées, qu'un serviteur, après s'être annoncé discrètement, vint avertir Gervaisis, qu'il était demandé immédiatement chez le directeur, pour une communication le concernant.

Pastoret voulut se retirer, mais son ami l'ayant supplié d'attendre son retour, il déféra à ses désirs.

L'absence du nouvel abbé dura peu, et son visage radieux annonçait que la communication annoncée lui avait été des plus agréables.

— Je te le donne en cent, en mille, pour deviner ce que je viens d'apprendre.

— Inutile, mon cher, fit négligemment Pastoret en déposant le livre qu'il était occupé à lire, il faudrait être bien novice, pour ne pas comprendre de suite ce qui cause ton émoi.

« La baronne de La Morlange a enlevé haut la main le consentement de l'archevêque, et le Directeur a été chargé de te prévenir que tu étais attendu aujourd'hui même, rue de Varennes.

— C'est vrai, répondit Gervaisis, étonné de la perspicacité de son ami, mais il y a mieux encore...

— Le coupé du baron t'attend à la porte du séminaire.

— Tu vas me faire croire aux sorciers !

— Je n'y ai nul mérite, crois-le bien.

— Cependant...

— Je connais simplement les femmes mieux que toi, mon très cher... Tu t'es marié aujourd'hui avec l'Eglise, eh bien ! c'est la baronne de La Morlange qui va t'offrir ce soir ta première nuit de noces, il y a longtemps que je te l'ai prédit...

— C'est étrange! selon toute apparence, d'après ce que tu me dis, et avec la tournure que prennent les événements, je touche au bonheur... et cependant j'ai peur de me réjouir, car je ne puis me décider à y croire..., la baronne peut avoir eu d'autres motifs pour agir ainsi...

— Et comme ce bon Saint-Thomas, tu veux y mettre le doigt.

Gervaisis rougit légèrement à cette plaisanterie, qui, dans la circonstance, avait toute la tournure d'un jeu de mots obcène, et ne répondit rien; d'un côté, il ne voulait point froisser Pastoret dont il pouvait avoir besoin, et pour lequel, du reste, il professait un véritable culte, et de l'autre, il lui répugnait de voir mettre son idole en cause aussi légèrement.

— Et tes amours avec la belle Madeleine, où en sont-elles? demanda-t-il tout à coup à Pastoret, pour détourner la conversation.

— Nous en sommes toujours au même point, répondit ce dernier.

— Je croyais que cette nuit même devait s'accomplir votre union mystique, vos fiançailles devant le Seigneur...

— C'est vrai... mais j'ai renvoyé cela à samedi prochain.

— Pourquoi ce retard, est-ce que la belle hésitait ?

— Non, c'est elle au contraire qui me pressait d'en finir.

— Eh bien alors ?

— C'est de moi que cela est venu.

— Explique-toi.

— J'ai eu des scrupules.

— Tu plaisantes ?

— Nullement, pour la première fois de ma vie, je me suis senti des remords.

— Toi le fort des forts, l'homme sans préjugé ?

— Parfaitement..., j'ai éprouvé comme une sorte de honte d'abuser de la naïve confiance que cette charmante enfant avait en moi.

— Parole d'honneur, c'est à mon tour de ne plus te reconnaître.

— Qui te dit que je serai dans les mêmes dispositions dans huit jours. Il m'est, du reste, arrivé hier soir l'aventure la plus étrange, la plus extraordinaire, la plus incroyable, que je te conterai à loisir... plus tard. Qu'il te suffise de savoir, aujourd'hui, que j'ai passé la nuit avec une des femmes les plus merveilleusement belles que j'aie jamais vues,... et que cela pourrait avoir une sérieuse influence sur mes relations avec ma jolie pénitente.

— Est-ce que tu en tiendrais ?

— J'en ai peur,... mais je ne permettrai pas au mal de prendre racine, car vois-tu, un prêtre qui se laisse aller à une passion sérieuse est un homme perdu, plus de paix, plus de tranquillité, plus de bonheur ! dévoré par la jalousie, car il ne peut voir l'objet de son amour que rarement et en s'entourant de précautions, il finit toujours par commettre quelque imprudence qui arrive aux oreilles du père ou du mari..., un scandale éclate! et qu'il reste pour lui tenir tête, ou qu'il s'enfuie pour l'éviter, le malheureux n'en voit pas moins sa carrière à tout jamais brisée, car l'archevêché, qui ferme volontiers les yeux sur les fautes cachées, devient d'une sévérité inflexible, lorsque nous lui sommes signalés par la notoriété publique, ou que l'offensé réclame lui-même justice. Sans compter que le prêtre amoureux fait un métier de dupe, car à part quelques toutes jeunes filles, qui, dans leur exaltation religieuse, confondent l'amour du prêtre dans l'amour de Dieu, toutes les femmes qui se donnent à nous ne sont poussées que par l'attrait du fruit défendu, et des jouissances matérielles, et la presque certitude d'une discrétion qu'elles ne trouveraient pas ailleurs, mais elles ne nous aiment pas, dans le sens élevé du mot, et nous plantent là, à la moindre perspective de danger, ou lorsque la satiété arrive, ce qui ne tarde guère...

« Ne nous laissons donc jamais dompter par l'amour, mon cher Gervaisis, et le meilleur moyen, pour cela, consiste à profiter de toutes les occasions, à les rechercher même, de façon à nouer toujours trois ou quatre intrigues de front..., les dernières font oublier les plus anciennes, et [de cette façon nous ne risquons point de sacrifier à des illusions chimériques le repos de notre existence toute entière...

— Mais on n'est pas maître comme cela de son cœur !

— Le cœur est un esclave qu'il faut assouplir et dompter...

— J'aime la baronne d'une façon si exclusive, qu'il me serait impossible, je le sens bien, d'adresser en même temps mes hommages à une autre.

— Mon pauvre Gervaisis, si tu connaissais bien ce que l'on est convenu d'appeler les grandes dames..., celles du moins qui nous recherchent, car il en est qui tiennent la soutane à sévère distance, tu verrais qu'elles ne valent guère la peine qu'on leur sacrifie la plus faible parcelle de son bonheur. Mariées jeunes, la plupart à des viveurs en rupture de clubs et de boudoirs, qui apportent au lit conjugal des ardeurs qui s'éteignent au moment où celles de leurs femmes s'éveillent, elles sont initiées peu à peu aux mœurs des filles de joie, et à ces mystérieuses pratiques de la débauche que Rabelais, si je ne me trompe, appelait « les conficts et aultres chatteries de l'amour » par des époux blasés, dédaigneux des chastes jouissances de l'hymen, ou dont les sens affaiblis ont besoin de ces excitations malsaines. Aussi, mon cher Gervaisis, ce qu'elles viennent nous demander, lorsque ces messieurs s'éloignent d'elles, ou n'ont plus la force de les satisfaire, ce ne sont pas ces rêveries poétiques, ni de ces petits vers à la lune, qui faisaient le bonheur de leurs dix-huit printemps, mais bien de sérieuses caresses dont la science et la variété doivent égaler la force et la vigueur. Tu ne connaîtras que par l'expérience que tu en feras toi-même, tout ce qu'il y a de perversité et de corruption dans la tête de ces élégantes désœuvrées dont l'imagination ne se complaît que dans des rêves obscènes et des actes de la lubricité la plus raffinée... L'oisiveté, l'absence de soucis matériels, les excitations nerveuses d'une vie, dont le plaisir à outrance est la seule loi, les mauvaises lectures, et une sorte de continuelle *flirtation*, dans les salons, au bal, au théâtre, aux bains de mer, dans les villes d'eaux et les casinos à la mode, avec des hommes sans préjugés, au langage licencieux et aux manières provoquantes, toujours prêts à faire le siège de leur vertu chancelante... tout cela finit par conduire les femmes à une sorte de lassitude morale, qui les jette un beau jour aux bras du premier ténor italien, prince valaque ou autre aventurier coureur de stations à la mode, qui arrive, un soir d'ennui, de brise tiède et parfumée, à ce moment psychologique, où, comme dit Musset :

... Toute femme doit désirer qu'on l'aime !

« Cette première chute est presque toujours un

immense désanchantement. Le héros poétisé, n'est, la plupart du temps, qu'un chevalier d'industrie, qui exploite sa conquête, ou un désœuvré dont la femme se dégoûte rapidement, en voyant le vide de son cœur et de son cerveau.

« C'est alors notre tour, mon cher Gervaisis, à de rares exceptions près, nous ne paraissons qu'après le premier amant, on vient chercher chez nous des consolations spirituelles d'abord, quitte à nous demander ensuite l'apaisement des sens... De dix-huit à vingt-cinq ans, la femme idéalise ses amours, et veut tomber avec grâce sur un lit de fleurs..., à trente ans, l'amour matériel seul la touche, elle n'a plus besoin de poésie, mais de jouissances sensuelles, c'est la femelle qui demande un mâle capable de satisfaire ses ardeurs, et si elle choisit le prêtre, c'est qu'elle trouve en lui toutes les garanties qu'elle exige, force, santé et discrétion.

« Ce n'est donc pas l'amour qui l'attire vers nous, mais l'appétit charnel de l'amour, ce qui dans cette passion nous est commun avec les animaux ; nous ne tenons jamais dans nos bras, une maîtresse charmante qui, satisfaite et non lassée, s'endort en vous envoyant son plus tendre et plus gracieux sourire, encore moins une compagne de notre vie, qui s'intéresse à nos souffrances, à nos travaux, nous ne sommes que de simples instruments de plaisir, dont on se sert en cachette et qu'on délaisse, dès qu'ils cessent de plaire... Un fait que tu auras l'occasion de vérifier par toi-même va te prouver combien nous sommes peu de chose pour ces grandes dames, qui ne nous prennent que comme des potions calmantes.

« Parmi toutes celles déjà nombreuses, qui m'ont fait l'honneur d'abaisser leurs regards jusqu'à moi, il en est que je n'ai vue qu'une fois ; un seul rendez-vous a suffi pour épuiser son caprice.... ; mais quelle science dans l'art de pratiquer les plus délicats comme les plus obscènes raffinements de l'amour !.. Quant aux autres, il n'y en a pas qui aient résisté à cinq ou six mois de relations : ceci prouve déjà que le

cœur n'est pour rien dans ces liaisons formées
la plupart du temps au confessionnal, mais ce
qui est plus frappant encore, écoute-moi bien,
mon cher Gervaisis, c'est que de toutes ces
femmes, il n'en est pas une seule, qui une fois
la passion satisfaite, n'ait éprouvé une sorte de
honte secrète de s'être abandonnée à un prêtre,
et ne se soit hâtée de se soustraire à cette impression, par un départ précipité. Et cela aussi
souvent que se répétaient les rendez-vous, elles
s'échappaient de mes bras, se rhabillaient avec
une impatience fiévreuse, et partaient me donnant à peine leur front à baiser par dessus le
voile épais, le voile des secrètes amours, en me
jetant ces mots : « A ce soir, mon chéri, » que je
traduisais avec juste raison par ces autres « Attends moi sous l'orme, maintenant que j'en ai
goûté, j'en ai assez », et la même scène recom-
mençait, chaque fois que la passion les poussait
à revenir. Il y en a qui déguisaient mieux leurs
impressions que d'autres, mais au fond, c'était
toujours le même sentiment.

« Que de fois ne les ai-je pas vues arriver joyeuses, toutes palpitantes de désirs et me disant : « Vois-tu, mon gros chéri, je me suis rendue libre pour toute l'après-midi, je ne te quitterai qu'à six heures du soir ; j'espère que nous allons avoir le temps de nous aimer ! »

« Et elles étaient franches en me disant cela, sous le frissonnement de la passion non encore satisfaite.

« Ah bien oui ! elles n'étaient pas revenues du dernier spasme, après deux ou trois voyages à Cythère, selon la force de leur tempérament, qu'elles paraissaient inquiètes, songeuses, regardaient vaguement dans la chambre, sans répondre à mes baisers...; puis, tout-à-coup, comme je les pressais de questions pour les mettre à leur aise : « Oh ! folle que je suis, me répondait-on, moi qui avais oublié que Madame de X... doit venir me faire visite à trois heures, je n'ai que le temps de rentrer.... Cela me ferait une affaire, si elle ne me trouvait pas à l'hôtel, après m'avoir prévenue hier, par un mot. »

« Je feignais d'ajouter foi à l'histoire, et tout se passait comme d'habitude, c'est dans l'ordre... Cinq minutes après, elle était partie.

« La femme a honte du prêtre, c'est indéniable..., elle le prend par besoin, elle le choisit pour sa discrétion, exactement comme les hommes du monde, qui ne veulent pas de maîtresse, vont de temps à autre se satisfaire dans un lieu de prostitution ; mais, avec lui, jamais de doux abandon, jamais de tendres causeries sur l'oreiller. Une fois l'acte accompli, la femme le méprise parce qu'il souille sa soutane et ses serments, et elle se méprise elle-même de lui avoir cédé, exactement comme les hommes dont je viens de te parler s'en vont, tête basse et le dégoût aux lèvres, du lieu infâme où la passion les a conduits.

« Il n'existe pas de maisons publiques à l'usage du beau sexe, mais cela n'est pas nécessaire, le confessionnal en tient lieu. Il faut bien nous l'avouer, mon pauvre Gervaisis, parce que cela est vrai : « Les prêtres sont les hommes de tolérance des femmes du monde. »

— Ah! par exemple! je t'ai écouté patiemment, par déférence, parce que je sais que tu n'aimes pas à être interrompu, mais cette fois je proteste, jamais on ne me fera jouer un pareil rôle.

Gervaisis avait prononcé ces paroles avec une énergie convaincue.

— Toi! ma petite Zizis, répondit froidement Pastoret, avant vingt-quatre heures, tu seras la *fille de joie* de la baronne de la Morlange.

— C'est trop fort, à la fin! moi qui aime la baronne de l'amour le plus pur, le plus élevé...

— Tais-toi, prêtre de Rome! fit tout-à-coup Pastoret, d'un ton solennel, qui causa la plus étrange émotion à son ami. Qu'as-tu donc juré, ce matin? Tu as fait vœu de vivre chaste et humble, de ne servir que ton Dieu et de n'aimer que les pauvres, les déshérités et les souffrants..., et tu oses parler d'amour pur et élevé, alors que tu fausses tous tes serments!

— C'est vrai. Mon Dieu! pitié! que nous sommes misérables! murmura Gervaisis. Mais, au même instant, il s'arrêta absolument ahuri.. Pastoret, qui s'était renversé dans un fauteuil, se livrait à un de ces accès d'hilarité dont il était coutumier.

— Est-ce que tu deviens fou? hasarda le pauvre Gervaisis.

— Non, mais laisse-moi rire, car il y a de quoi... un mot suffit pour te faire prendre des airs de trappiste creusant sa tombe... Je me permets une plaisanterie, et te voilà presque larmoyant... Oui, certes, je plaisantais, mais ce que je t'ai dit, par moquerie, — car je m'embarrasse de tous ces serments, moi, comme de ma première chemise, — sache bien que la femme le prend au sérieux, qu'elle voit toujours devant ses yeux l'oint du Seigneur qui manque à la foi jurée, le parjure de l'autel qui foule aux pieds la loi sainte, et c'est pour cela que l'amour pur et élevé n'existera jamais entre la femme et le prêtre, pour cela qu'elle ne vient jamais nous demander que de l'amour bestial et des jouissances matérielles... Ah par exemple! le grand nombre de celles qui s'adressent à nous, la diversité des tempéraments, la certitude de ne pas être trompé sur la sonorité de l'instrument, car les femmes froides ne recherchent pas les prêtres, le plaisir enfin de faire son choix, sont autant de compensations qui ne sont pas à dédaigner, s'il nous est défendu d'aspirer au véritable amour et à l'estime de celles qui se donnent à nous... Donc, mon vieux Gervaisis, cultive la beauté, en commençant par la baronne qui, je l'avoue, est un morceau de roi, papillonne de fleurs en fleurs, mais ne cherche pas à filer le parfait amour, ne t'attache à aucune, tu finirais par y laisser les plumes... Tu vas dire que je ne cesse de te sermonner!... Que veux-tu, je me suis pris d'une sincère et véritable amitié pour toi, question de contraste, sans doute, et je ne veux pas, maintenant que tu es des nôtres, te voir entrer dans une voie dangereuse, au bout de laquelle tu ne trouverais qu'amertume et déception, et peut-être pis encore. Je t'ai dit qu'il fallait sacrifier trois générations pour faire un homme ; fils de paysans, tu arrives de plain-pied dans le monde en sautant les degrés intermédiaires grâce à ta robe, ne va pas donner raison à la logique des choses, en retombant pour t'être élevé trop vite. Tu me diras que le fils d'un paysan vaut bien le fils d'un concierge, c'est vrai, mais je suis parisien, et la synthèse générale des idées qui plane au-dessus de la grande ville et tombe en pluie bienfaisante sur le cerveau de chacun de ses enfants, est d'un siècle en avance sur celle de Cormeille en Parisis, voilà ce qui nous différencie tous les deux... Là où tu te noieras, je surnagerai, là où tu mourras de faim, je m'engraisserai, là où tu succomberas, je triompherai, — question d'entregent, d'intrigue, de savoir-faire et d'expérience. Tu ressembles au matador qui se présente au taureau au moment où on vient de le lâcher dans l'arène, plein de feu et d'énergie, moi j'attends que les picadores l'aient lardé de coups, et que, perdant son sang par vingt blessures, il n'ait plus la force de me charger.

« Nous avons juré de nous soutenir et de mettre en commun nos moyens d'action et de résistance, j'apporte à l'association mon coup d'œil rapide, mon habileté dénuée de préjugés, mon expérience, mais il faut avoir confiance en moi et suivre mes conseils. Grave-toi donc bien dans l'esprit ce que je n'ai cessé de te répéter aujourd'hui : « La femme est l'alliée naturelle du prêtre, c'est par elle qu'il arrive, d'elle qu'il reçoit ses plus grandes jouissances, mais elle est en même temps son plus grand danger et sa plus terrible pierre d'achoppement... »

« Maintenant, va voir ta baronne, elle pourrait trouver que tu mets peu d'empressement à revenir près d'elle...

— Oh! je connais ses habitudes, il est à peine cinq heures et elle n'est pas encore rentrée du bois.

— Et qui te dit qu'elle n'a pas renoncé à

cette promenade aujourd'hui, dans l'espoir de te revoir plus tôt?

— Toi-même.

— Comment, moi-même, si je t'ai parlé de cela, je veux bien...

— Ne te hâte pas d'en jurer... n'as-tu pas prétendu que ces dames ne voulaient de nous que notre force, notre science de l'amour sensuel et notre discrétion, et qu'elles étaient incapables de nous aimer?

— Certainement!

— Eh bien, dans ce cas, comment voudrais-tu qu'elles nous sacrifiassent un de leurs plus vifs plaisirs..., celui de se montrer et d'exhiber leurs toilettes nouvelles.

— Pas mal, pour ton début,... pour peu que tu y prennes peine, l'élève fera honneur au maître...; mais il y a des exceptions à la règle, ou plutôt, il est des cas où la règle fléchit, sans pour cela donner tort au principe; ainsi, tu peux fort bien trouver la baronne chez elle sans qu'elle t'ait rien sacrifié et simplement parce que son caprice l'y aura retenue. Il est facile d'en faire l'expérience, tu vas me déposer chez moi en passant, et demain tu me diras qui de nous deux avait raison.

Gervaisis avait plus hâte de revoir la baronne qu'il ne le laissait paraître, il avait bien conservé cela du paysan qui, en aucun cas, ne laisse déborder son enthousiasme, *par peur de payer trop cher*. Il rangea, dans sa valise, les quelques menus objets qu'il avait apportés, avec un calme apparent que démentait le tremblement nerveux de ses mains, puis, accompagné de Pastoret, il se rendit chez le directeur de Saint-Sulpice pour lui faire ses adieux.

Je ferai grâce au lecteur des conseils que ce dernier donna à ses anciens élèves, conseils que Gervaisis écouta sérieusement, en vertu de ce respect inné qu'il conservait pour tous ceux qui lui étaient supérieurs, tandis que Pastoret, le sourire aux lèvres, ressemblait à un écolier mutin et railleur, qui écoute pour la centième fois la même semonce.

Une demi-heure après, Gervaisis arrivait à l'hôtel de la Morlange. Ce fut avec un serrement de cœur indicible, qu'il passa sous le haut portique armorié qui donnait accès dans la noble demeure, qu'il avait quittée huit jours auparavant, sans savoir s'il devait la revoir.

Toutefois, dès les premiers pas qu'il fit, il se sentit tout autre...: il lui sembla qu'il n'était plus le même homme. Au lieu de se glisser humblement le long de la loge du concierge, comme faisait autrefois le précepteur du jeune Paul, l'*abbé* Gervaisis, qui avait droit maintenant à ce titre qu'on ne lui donnait autrefois que par complaisance, s'avança la tête haute vers le péristyle, où il fut reçu par le jeune Paul, qui se jeta avec un cri de joie dans ses bras. Tous les serviteurs que le baron n'avait pas emmenés à Morlange s'étaient rassemblés, par ordre, sans doute, au bas du perron, et lui souhaitèrent la bienvenue.

Quelle différence avec les airs hautains que la valetaille prenait autrefois avec lui ! Il commença alors à comprendre à quel point Pastoret avait raison, lorsqu'il répondait à ses plaintes sur la façon dont les uns et les autres le traitaient: « Tu n'es pas prêtre, et chacun ne voit toujours en toi que le petit paysan de Cormeilles. »

Le concierge et sa femme, qui ne lui rendaient son salut naguère qu'avec un certain air de protection, accoururent lui demander sa première bénédiction pour leur petite fille, et ce fut avec un sentiment de satisfaction intime bien naturel, qu'il accéda à leur demande. Chaque pas qu'il faisait lui montrait l'influence de son nouveau titre, et cela le payait agréablement des souffrances d'amour-propre qu'il avai endurées autrefois. Il n'y eut pas jusqu'à M. Justin, le maître d'hôtel, homme considérable qui avait la confiance des maîtres, et menait toute la domesticité, qui ne s'était empressé de venir lui présenter ses *respectueux* hommages... Mais tout cela était peu de chose, en comparaison de l'émotion qu'il ressentit, lorsqu'il apprit de Baptiste, le valet de chambre spécialement attaché au service du jeune Paul et au sien : « que Madame la baronne avait assisté à son ordination à Saint-Sulpice, et qu'elle avait été si impressionnée de la grandeur de cette cérémonie, qu'elle avait fait dire au cocher de ne pas atteler comme d'ordinaire pour le bois, décidée qu'elle était à ne pas sortir ».

Le cœur de Gervaisis battit à tout rompre, et il se demanda, n'osant s'en attribuer la cause, quel motif avait pu pousser la baronne à agir ainsi.

— Et cependant, si c'était pour moi ! fit-il en lui-même, en se rappelant ce que Pastoret venait de lui dire à cet égard.

En pénétrant dans sa chambre où Baptiste l'avait accompagné, il s'arrêta stupéfait : une dizaine de bouquets uniformément blancs en ornaient toutes les parties où il avait été possible d'en placer, boutons de roses, lys, camélias et lilas blancs, œillets, violettes, toute la flore immaculée était représentée ; le plus beau de tous était un superbe assemblage de la plupart de ces genres, au centre, un seul lys élevait sa corolle éclatante, entouré de lilas; puis venaient cinq rangs de boutons de roses à demi épanouis, deux rangs de camélias contenus par une large couronne de violettes, elle-même protégée par six rangs d'œillets, et un dernier tour de fougère d'Australie.

— Que signifie cela? balbutia le jeune prêtre, absolument étourdi par cette manifestation, à laquelle il était loin de s'attendre.

— Cela signifie, monsieur l'abbé, fit Baptiste en se rengorgeant, personne ne pourrait mieux vous le dire, puisque c'est moi qui ai commandé celui de Madame la baronne, le plus gros de tous, avec des roses, des lilas, des violettes, et toutes les fleurs de la création, et que j'ai reçu les autres quand on les a apportés... v'lan, à chaque bouquet, un louis au porteur, ordre de madame... donc, cela signifie, M. l'abbé, que Madame la baronne et ces dames de ses amies ont voulu vous souhaiter comme qui dirait... le jour de votre première messe.

Gervaisis restait littéralement confondu. Que la baronne de La Morlange eût eu cette attention, c'était admissible, surtout si elle avait réellement les intentions que lui prêtait Pastoret, mais que les dames de son monde qui fréquentaient l'hôtel y eussent songé, elles qui, quelques jours auparavant, traitaient avec un dédain affecté le pauvre instituteur, qu'elles ne mettaient pas beaucoup au-dessus des domestiques, c'était ce qu'il ne parvenait pas à comprendre...

Cette fois, il était bien obligé de se rendre à l'évidence, il ne restait plus rien du petit paysan de Cormeilles, la *messe* avait rapproché toutes les distances; oint du Seigneur, il était au-dessus de tous ces gens qui, la veille encore, n'avaient pas l'air de se douter qu'il existât.... ces belles orgueilleuses surtout qui, le désignant du bout de leur éventail, ne l'appelaient que Gervaisis tout court, n'avaient pas hésité à faire amende honorable et à s'incliner devant lui.

Peu importait sa basse extraction, l'homme avait disparu, il n'était resté que le prêtre.

En continuant ses investigations, Gervaisis aidé de Baptiste, qui était au courant de tout, trouva dans sa garde-robe un costume complet en drap de soie pour l'été, soutane et pardessous d'une coupe élégante, ceinture de taffetas à gros grain, rabat orné de vraies perles de la grosseur réglementaire, un coquet petit chapeau à bords plats, semblable à celui que les jeunes vicaires avaient mis à la mode, malgré l'archevêché; puis du linge de corps éblouissant de finesse et de blancheur, un nécessaire complet argent et ivoire, et de petits souliers en chevreau mat, ornés de boucles en vieil argent bruni.

En inspectant tout cela, Gervaisis était devenu rêveur..., on l'eût été à moins!!!

— Encore une attention de ces dames, fit le loquace Baptiste, elles se sont cotisées pour offrir toutes ces belles choses à M. l'abbé, en souvenir de ce beau jour.

Si Gervaisis eût reçu en partage l'esprit subtil

de Pastoret, il eût compris que ses remercîments devaient surtout s'adresser à Madame de La Morlange. La baronne, en effet, pour ne pas se compromettre, avait soufflé à ses amies l'idée de se réunir pour faire accepter au jeune abbé les cadeaux que, selon l'usage, les parents doivent offrir en pareil cas, au nouveau consacré. Mais il n'était pas au bout de ses surprises... Le cabinet de toilette, qui servait en même temps de salle de bain, était tout tendu de Perse vert-tendre, on eût dit à la profusion des poudres, essences, cosmétiques, qui ornaient la table, le *retiro* d'une petite maîtresse, et dans une belle vasque en bois de Teck garnie intérieurement de porcelaine, un bain tiède et parfumé au lait d'iris, attendait le maître du lieu.

— Ah! par exemple, fit Baptiste en le lui montrant, c'est moi qui ai eu cette idée-là, M. l'abbé.

— Quelle idée! répondit le jeune homme, distrait...

— Hé ! celle du bain, pardienne !

— Je te remercie, c'est une heureuse pensée.... et je vais en profiter.

— V'la comment ça m'est venu..., ce matin, en inspectant votre petit appartement, pour voir si rien n'y manquait, Madame la baronne me dit : « Baptiste, ce bon M. Gervaisis va être bien fatigué, après huit jours de jeûne et de cérémonies de toute espèce, ne penses-tu pas qu'un bon bain... — Ma foi, Madame la baronne, que je lui réponds illico, le premier qui va entrer, sauf votre respect, en portera de plus longues que feu le chevalier Cornard. Je vois que j'avais dit une bêtise et je ne savais plus quelle contenance avoir, mais elle, qu'est la pâte des femmes, me répond en riant, de sa petite voix si douce qu'on dirait une musique du ciel.

— Et pourquoi cela, Baptiste ?

— Ma foi, Madame la baronne, que je fais, voyant qu'elle ne craignait pas le mot pour rire, c'est un proverbe de chez nous, quand deux personnes ont comme cela la même idée ensemble, on dit que le premier qui va entrer *en portera* dans l'année!... Pour lors qu'elle me répond : « J'approuve fort cette idée-là, Baptiste, pas celle du chevalier, celle du bain, et M. Gervaisis sera heureux d'en trouver un tout prêt ce soir... » Vous pensez que je n'ai eu garde de l'oublier, du moment où ça pouvait vous faire plaisir.

C'est ainsi que l'honnête Baptiste avait des idées !

Pastoret, avec son amour des périphrases, eût appelé ce bain-là : « une invite à la dame ».

Lorque Gervaisis fut seul, il prit lentement son bain, car il avait le temps, on ne dînait qu'à sept heures et demie à l'hôtel de La Morlange, son cerveau bouillonnait à ce point sous les multiples pensées qui l'agitaient, qu'il avait besoin de solitude et de calme pour se ressaisir, et mettre un peu d'ordre dans ses réflexions.

La seule pensée qu'il allait bientôt revoir la baronne, l'idole à laquelle il avait, depuis longtemps, élevé un autel dans son cœur, le jetait dans des extases infinies ; et cependant il redoutait cette première entrevue. Qu'allait-il lui dire qui ne fut point banal, et qui, sans dévoiler le trouble de son cœur, lui laissât cependant comprendre l'immensité de sa reconnaissance pour tout ce qu'elle avait fait pour lui ?

Chose étrange ! plus Madame de La Morlange semblait livrer le secret de son cœur, et moins l'idée que cette merveilleuse beauté pût descendre jusqu'à lui, faisait du progrès dans l'esprit de Gervaisis.

Nous n'avons qu'à écouter un des monologues que ce dernier s'adressait dans son bain, pour comprendre les hésitations de ce singulier caractère, qui avait conservé tous les préjugés, toutes les faiblesses qui mettent, d'ordinaire, plusieurs générations à disparaître.

— Non ! toute réflexion faite, j'en serai quitte pour enfouir au fond de mon âme cet amour insensé et souffrir en silence... Comment une femme si admirablement belle, qui n'aurait qu'à vouloir pour enchaîner à ses pieds les hommes les plus distingués de Paris, tant par leur naissance que par leur mérite personnel, aurait-elle pu jeter les yeux sur un pauvre hère comme moi! il faudrait être fou pour se l'imaginer! Du reste, qu'a-t-elle fait pour cela?... A en croire Pastoret, elle m'aurait déjà révélé clairement ses sentiments, mais il suffit de passer en revue les prétendues preuves de cette révélation, pour voir qu'en résumé elles se réduisent à rien, ou tout au moins, à peu de chose. Elle m'a engagé à en finir avec mes hésitations et à me faire prêtre! Voir là une manifestation d'amour, me paraît singulièrement hasardé, ce serait la première fois qu'on aurait vu une femme pousser son amant à entrer dans les ordres; je sais bien comment Pastoret explique cette singularité; mais c'est de l'argumentation cela, comme disait notre professeur de logique, la preuve ne ressort point du fait, mais des commentaires dont on l'environne, et elle peut être détruite aussi facilement par d'autres. Madame de La Morlange est pieuse, je l'ai toujours vu remplir régulièrement tous ses devoirs religieux ; quoi donc d'étonnant à ce qu'elle ait été poussée par un double sentiment, en m'engageant à me vouer au service des autels, le sentiment religieux d'abord, et ensuite la pensée de me rendre service en m'arrachant aux tentations du monde ?... S'est-elle démentie un seul instant de cette règle de conduite ?... Qu'est-ce qui prouve enfin qu'elle obéissait à d'autres sentiments, lorsqu'elle m'a engagé, la veille, à persévérer dans la voie que j'avais choisie ?.. Ainsi c'est sur deux mots qu'est basée toute la dialectique de mon ami, j'aurais dû lui répondre de cette façon, mais il ne vous laisse jamais placer une parole. Tous ces cadeaux, ces bouquets, ces vêtements seraient encore pour lui une preuve d'amour...; mais alors, toutes les dames qui fréquentent la baronne, et qui ont voulu être de moitié dans cette offrande, m'aimeraient, elles aussi... Allons, tout cela est absurde !..

« Fils de paysan détourné de la charrue pour

l'Eglise, on m'engage, dans mon intérêt, à persévérer,... quoi de plus juste ! Je suis pauvre et on m'habille..., quoi de plus naturel ! Je reçois des bouquets en l'honneur de mon élévation à la prêtrise, mais la baronne n'est pas seule à me les offrir... J'en conclus qu'avec toute son expérience, l'ami Pastoret...

— N'est qu'un imbécile, exclama une voix joyeuse.

Et Gervaisis, au comble de la stupéfaction, vit entrer celui qu'il avait quitté depuis une heure à peine, et dont il était en train de mettre en doute la perspicacité.

— Hein ! tu ne m'attendais pas, sybarite, continua le nouveau venu, ah ! c'est ainsi que tu calomnies mon coup d'œil, ma science et mon intelligence...

— Je t'assure...

— Ne nie pas, j'ai tout entendu et tu n'as rien dit de blessant pour moi dans ton intéressant monologue, cela prouve simplement que toutes les causes sont défendables, seulement, il t'est arrivé ce qui se passe toujours lorsqu'on généralise un fait particulier, neuf fois sur dix, on se trompe dans les conclusions qu'on en tire. Ainsi, il est certain, qu'en général, une femme n'engagera pas son amant à se faire prêtre, c'est même tout le contraire qui se présentera. De même, parce qu'une femme aura engagé un homme à recevoir les ordres, on ne pourra pas dire qu'elle a des intentions sur lui, tu vois que je suis entièrement de ton avis; mais où nous ne sommes plus d'accord, c'est lorsque tu conclues de là que Madame la baronne de La Morlange n'a point poussé tout doucement l'abbé Gervaisis vers la prêtrise, pour en faire ensuite son amant: ceci est un fait particulier qui tient à des circonstances spéciales de caractère, de tempérament, de position sociale, que l'on ne peut apprécier que lorsqu'on les connaît, et c'est parce que je les connais dans le cas présent, que je me suis prononcé en connaissance de cause... Au surplus, laissons ce sujet, nous en avons assez parlé et tu n'as pas longtemps à attendre pour juger de la justesse de mes prévisions.

— Je suis de ton avis... aussi bien le lieu est mal choisi pour nous entretenir d'une semblable question... dis-moi plutôt quel bon vent t'amène, car je suppose qu'un motif sérieux a seul pu t'engager à revenir me voir, quelques instants après m'avoir quitté.

— En effet, puisque nous avions pris rendez-vous pour demain... En rentrant chez moi, j'ai trouvé une invitation à dîner de la baronne, tiens, lis : elle me dit que je serai sans doute enchanté de passer la soirée de ce jour mémorable, en compagnie de mon meilleur ami.

— C'est vrai, répondit Gervaisis, après avoir lu les quelques lignes que Madame la baronne de La Morlange avait écrites sur un petit carré de carton glacé.

— Comprends-tu comme cela est gracieux pour toi... on m'invite en ton honneur, cela seul devrait suffire à te démontrer que tu es devenu un personnage dans la maison.

— C'est, je le reconnais, très flatteur pour moi, et j'en suis profondément touché.

— Tu sais, ajouta Pastoret en baissant la voix, que, si nous sommes seuls, ce sera une véritable démonstration.

— La baronne, sois-en sûr, ne dînera pas en tête-à-tête avec nous, elle aura invité un couple ou deux de ses amis.

— Nous verrons bien! en attendant, si tu t'habillais, il est décent que nous paraissions au salon un quart d'heure au moins avant le repas.

— Si tu savais comme je suis ému en pensant que je vais la revoir, car je sens que je l'aime à en perdre la raison... Non, si je dois vivre auprès d'elle comme par le passé, je crois que je n'y résisterai pas.

— C'est une raison pour montrer plus d'empressement encore, les femmes sentent toutes les nuances et y sont fort sensibles.

Aiguillonné par Pastoret qui lui servit de valet

de chambre, Gervaisis fut prêt assez rapidement.

Rasé de frais, avec sa luxuriante chevelure noire, naturellement bouclée, son profil de Calabrais, son teint mat, la taille bien prise dans sa soutane neuve, l'ensemble sculptural, le jeune prêtre était réellement fort beau, il respirait la force et la santé, et offrait un contraste frappant avec son ami qui lui, au contraire, était petit, mince, blond doré et d'une élégance presqu'efféminée.

La baronne les attendait au salon, elle les reçut avec son plus charmant sourire, et leur tendit les mains à tous deux à la fois. Son œil, doux et langoureux au repos, exprimait une joie tranquille, qui dérouta du premier coup Pastoret. On eût dit une sœur heureuse du bonheur de son frère, en ce jour solennel qui avait vu sa consécration au Seigneur.

— Enfin, dit-elle à Gervaisis, avec une familiarité presque maternelle, vous voilà des nôtres, et pour longtemps je l'espère, nous avons maintenant un chapelain pour La Morlange et nous aurons tous les matins la messe au château, ce qui va ravir ces dames... : l'église du village est à près de trois lieues, et mes invitées se plaignaient de ne pouvoir assister au saint office que le dimanche... et encore, fit-elle avec un sourire irrésistible, il fallait se lever si matin, si matin, que nous n'arrivions souvent qu'après l'Evangile.

Gervaisis, qui l'avait toujours vue fière et hautaine, n'en revenait pas..., selon une expression qu'il employait facilement, il *était aux anges !*

Quant à Pastoret, il n'y comprenait plus rien. L'attitude si simple, si naturelle de Madame de La Morlange renversait toutes ses prévisions.

— Est-ce que je me serais trompé, pensa-t-il, et la baronne serait-elle ce qu'elle paraît en ce moment, une femme adorable mais simple et naturelle, incapable du plan machiavélique que je lui avais prêté?

La suite de la conversation acheva de le dérouter.

— Croiriez-vous, fît-elle en s'adressant à Pastoret, que nous avons été obligés de nous y mettre un peu tous, pour décider ce grand enfant à recevoir enfin le suprême sacrement, il ne se trouvait pas digne d'un tel honneur, il avait peur de ne pas faire un prêtre dévoué à ses devoirs, et cent autres raisons de cette force ; comme si ces scrupules même n'annonçaient pas un caractère droit et honnête ! Et tout en parlant ainsi, elle agitait sa jolie tête, souriait grâcieusement, et tapotait les mains de Gervaisis du bout de son éventail...

Le jeune vicaire était absolument démonté...

— A propos, continua-t-elle, vous savez que nous partons sous peu pour La Morlange, le baron ne reviendra pas à Paris ; il ne fait pas courir, cette année, et il se désintéresse du *grand prix*. Je ne suis restée avec Paul que pour attendre notre chapelain et le petit groupe de nos intimes qui vient passer avec nous, dans le Dauphiné, toute la belle saison. Je compte, M. Pastoret, que vous voudrez bien nous donner un mois ou deux, nous pourrons avoir la messe en musique tous les dimanches, car nous avons un orgue dans la chapelle, ce sera charmant.

— C'est avec bonheur, Madame la baronne, répondit Pastoret, que j'accepte une invitation dont le prix est encore doublé par la façon toute gracieuse dont elle est faite. Il me sera facile d'obtenir un congé, car je ne me suis pas absenté l'année dernière.

— Eh bien, arrangez-vous pour partir dans une dizaine de jours, ce sera doubler notre plaisir également.

— Je m'y emploierai, soyez-en persuadée, Madame. Un désir de vous, quelque indigne que soit la personne à laquelle il s'adresse, la doit rendre bien fière de pouvoir vous obéir.

— Vous êtes tout à fait *grand siècle*, M. Pastoret, et c'est ainsi que les abbés du temps devaient parler à l'hôtel de Rambouillet.

— Le langage que l'on doit tenir à la suprême

beauté, et à la bonté suprême, est de tous les temps, Madame la baronne.

— Allons, il ne manque plus, répondit la charmante femme en rougissant légèrement, que M. Gervaisis ne nous récite un sonnet.

A ce moment, la porte du salon qui communiquait avec la salle à manger, s'ouvrit à deux battants, et le maître d'hôtel en culotte courte, habit rouge et gants blancs, annonça d'une voix solennelle :

— Madame la baronne est servie !

La jeune femme rejeta la légère mantille de soie crème qui lui couvrait les épaules et parut aux yeux éblouis des deux jeunes gens en toilette de gala, décolletée et les bras nus.

Devant cette opulence de chairs jeunes et fermes, dont la blancheur légèrement rosée eût défié celle de la neige qu'irise les premiers rayons du soleil levant, les deux abbés s'arrêtèrent muets, frappés d'admiration ; Gervaisis, surtout, ne pouvait déguiser l'impression que lui faisait la vue de tant de richesse, il baissait des yeux ces bras provoquants, cette admirable poitrine, ces seins aux contours harmonieux, que la respiration faisait frissonner doucement, et ces merveilleuses épaules d'un modelé si pur, d'une finesse de peau si uniforme, qu'on les eût cru sorties d'un bloc de Paros, sous le ciseau d'un statuaire de génie.

— Ah! soupira Gervaisis en lui-même, être pressé par de tels bras, sur une pareille poitrine? on peut mourir après.

Pastoret, plus homme du monde, et moins inflammable aussi, admirait en connaisseur, en fermant à demi les yeux, pour enlever à son regard l'expression trop sensuelle qu'il devait exprimer, mais son cœur battait avec force sous une émotion dont la violence étonnait ce sceptique railleur et blasé, qui se croyait au-dessus de ces sortes de surprises.

La jeune femme s'était levée lentement; tout en continuant à causer, elle offrit le bout des doigts de la main droite à Pastoret qui les reçut délicatement sans les presser, car il était homme du monde accompli, et adressant un gracieux sourire à Gervaisis pour l'engager à les suivre, elle se dirigea vers la table somptueusement ornée, comme aux jours des plus grandes réjouissances de famille.

Il n'y avait que trois couverts. Et comme elle remarquait un certain étonnement sur le visage de ses convives, elle leur dit, avec une grâce indéfinissable.

— Nous ne sommes qu'entre nous, Paul est parti, il y a une demi-heure, pour répondre à une invitation de la duchesse de G..., sa marraine, qui doit le garder jusqu'à notre départ.

En entendant prononcer le nom de cette noble dame, qu'il n'avait jamais eu l'occasion de rencontrer chez la baronne, Pastoret ne put s'empêcher de tressaillir, mais profitant immédiatement des paroles de la baronne, car il ne savait si le hasard ramènerait la conversation sur ce sujet, il glissa rapidement cette interrogation.

— Le jeune Paul doit, sans doute, y trouver des camarades de son âge...

— Non, répondit Madame de La Morlange, la duchesse n'a pas d'enfants, c'est une superbe femme à peu près de mon âge, que vous verrez avec son mari au château, car ils ont accepté notre invitation.

A ces paroles, l'émotion de Pastoret redoubla, sans qu'il pût se rendre compte des motifs de cette singulière impression ; supposait-il que sa belle inconnue et l'amie de Mme de La Morlange ne faisaient qu'une seule et même personne? il n'avait pas la plus minime raison de le croire, puisqu'il ignorait le nom de sa conquête... C'était donc un simple pressentiment, une sorte de mirage de la pensée, auquel un homme positif comme lui ne pouvait longtemps se laisser aller... Cependant il nota dans son cerveau cette sensation fugitive, afin de ne pas l'oublier à l'occasion.

Pendant qu'il se livrait à ses réflexions, la baronne avait continué son explication.

— J'ai tenu, fit-elle en terminant, à fêter en tout petit comité la première messe de notre cher chapelain, afin que cette journée toute entière lui soit, sa vie durant, un inoubliable souvenir, et lui rappelle les pures joies de l'âme goûtées ce matin dans le temple, et les amis qui, comme nous et vous, M. Pastoret, ont contribué à décider de sa vocation.

Tout en parlant, la baronne, avec un tact exquis, fit asseoir à sa droite Gervaisis, ce qui devait être, puisqu'on fêtait, en quelque sorte, sa prise d'habit, et Pastoret tout naturellement prit place au côté resté libre.

— Allons, fit en lui-même ce dernier en déployant sa serviette, c'est Gervaisis qui a raison. Je ne suis qu'un imbécile!... cette femme n'a pas de tempérament..., et quand on n'a pas de tempérament, on peut chûter une fois pour savoir si c'est le mari qui en est cause, mais lorsque le premier amant n'a rien fait vibrer non plus, on s'en tient là ; à quoi bon troubler sa vie pour une ombre... Cependant, ces yeux pleins de morbidesse, des yeux qui semblent couver sous la cendre, et cette bouche humide et sensuelle qui semble appeler les baisers?... Bah! n'y pensons plus, il y a des exceptions en toute chose.

En ce moment la baronne parlait de sa première communion, la comparant pour les souvenirs qu'elle lui avait laissés à ceux que Gervaisis conserverait de sa première messe, et elle le faisait avec une telle onction dans la voix, que Pastoret ne put s'empêcher de se dire à part lui.

— Est-ce qu'elle serait dévote..? Il ne manquerait plus que cela. Heureusement que nous trouverons des compensations dans l'entourage; sans cela, ce serait à dégoûter du Dauphiné.

Le repas, à trois services, fut aussi luxueusement servi, que s'il se fût agi d'une réception officielle, et pendant les deux heures qu'il dura, la baronne se montra constamment vive, enjouée, bonne et naturelle, sans que sa manière d'être eût trahi une seule fois la moindre préoccupation.

La conversation se continua au salon d'été, près de la serre, où le café avait été servi, et malgré tout le soin qu'il y apporta, Pastoret ne put rien découvrir qui donnât même une apparence de raison, aux espérances qu'il avait entretenues dans le cœur de Gervaisis.

Quand à ce dernier, il était absolument charmé, subjugué, vaincu et incapable de la moindre suite dans les idées, il n'avait des yeux que pour la baronne, n'écoutait qu'elle, n'admirait qu'elle, et eut ainsi passé sa vie entière à ses côtés. Son œil pétillant de luxure coulait entre les seins de sa belle voisine, jusqu'à ses charmes les plus secrets, reconstituant par la pensée ce qu'il ne voyait pas, à l'aide de la merveilleuse statue, qu'il apercevait debout dans le salon éclairé *a giorno*.

La baronne ne pouvait pas ignorer l'admiration muette dont elle était l'objet, mais elle affectait de ne rien voir, de ne rien comprendre, ce qui lui était d'autant plus facile que, de la place où il se trouvait, il était impossible à Pastoret de s'apercevoir du singulier manège de son ami.

La soirée s'acheva donc sans encombre, ni surprises d'aucune sorte, et lorsque le jeune vicaire prit, sur les onze heures du soir, congé de Madame de La Morlange, il eût juré qu'il n'y avait pas, dans Paris, femme plus chaste et plus attachée à ses devoirs.

En lui serrant la main, la baronne lui renouvela son invitation, et le rappela à sa promesse de s'arranger de façon à être prêt pour le départ de la petite caravane, et comme Gervaisis s'était levé pour accompagner son ami, elle les laissa ensemble et rentra dans ses appartements.

Elle avait à peine disparu que Gervaisis, ne pouvant se contenir, s'écria :

— Quelle grâce enchanteresse, quelle séduction dans ses moindres gestes ! as-tu jamais vu quelque chose de plus divin que son sourire, de plus adorable que son regard, de plus harmonieux que sa voix, et ce port de reine, cette inimitable perfection de formes, cette chair palpitante?.. Oh! tiens, je sens que j'en deviendrai fou.

— En attendant, tu deviens poète, mon bon Zisis, répondit Pastoret, il est vrai qu'entre le fou et le poète la différence est si peu sensible!...

— Oh! si cette femme-là pouvait m'aimer... Si je pouvais, pendant une heure seulement, presser ses beaux seins, couvrir de baisers ce corps que l'on dirait pétri dans l'albâtre et les roses.

— Est-ce que tu es en train de faire le sonnet que ton idole te demandait ce soir?

— Voyons, ne plaisante pas, crois-tu toujours que Madame de Morlange...

— Je ne crois plus à rien.

— Cependant, ce soir encore dans ma chambre tu me soutenais...

— Eh bien, j'avais tort.

— Qu'as-tu donc, pour en parler ainsi?

— Rien! tu m'as convaincu, voilà tout.

— Pastoret, il y a quelque chose là-dessous!

— Non, maintenant que je suis de ton avis, tu vas me chercher querelle...

— Par exemple?

— Veux-tu être raisonnable... eh bien! va te coucher, et nous reparlerons de cela demain, ainsi que nous en sommes convenus.

— Bien sûr, il se passe quelque chose dans ton esprit.

— C'est vrai, mais je ne puis rien te dire avant demain, viens déjeuner avec moi, nous aurons tout le temps de causer...

— J'y consens, à demain donc.

Les deux hommes échangèrent une poignée de main, et Gervaisis entra chez lui tout pensif, les dernières paroles de son ami avaient singulièrement refroidi son enthousiasme; cependant tout en cherchant le mot de l'énigme, il ne tarda pas à fermer les yeux, car la journée n'avait pas laissé d'être fatigante pour lui...

Une à une les lumières s'étaient éteintes... et tout semblait dormir dans l'hôtel de La Morlange.

Cependant, celui qui eût pénétré dans les appartements de la baronne, eût été fort surpris de voir les deux lampes électriques du cabinet de toilette répandre dans cette pièce les flots de leur lumière argentée, et plus surpris encore de trouver la baronne, debout à cette heure, peignant et couvrant de parfum son admirable chevelure, qui tombait en boucles pressées sur ses blanches épaules, et de là ruisselaient en cascades inégales jusqu'aux hanches...

Entièrement nue, comme si elle venait de sortir du bain, les pieds simplement passés dans des mules de velours, la jeune femme se tenait près d'une psyché de toute hauteur, qui lui renvoyait son image, et elle se souriait coquettement en se voyant si belle...; mais de temps à autre ses grands yeux se plissaient légèrement, et de petits frissons semblaient glisser sur sa peau moite et satinée, comme les brises du soir glissent à la surface paisible des lacs,... Quelle pensée traversait donc en ce moment son cerveau ? et pourquoi veillait-elle encore, à cette heure où tout le monde se livrait au repos ?

Athenaïs-Solange de Servières, baronne de La Morlange, était comme le sphinx antique, une mystérieuse énigme, dont nul, pas même son mari, n'avait pu deviner le secret. Ses plus intimes amies disaient d'elle : « Solange ! bien fin qui pourra jamais savoir ce qui s'agite dans son cerveau ! après cela, peut-être n'y a-t-il rien. »

Jamais personne n'avait reçu d'elle une confidence, n'avait entendu une parole, qui révélassent l'état de son âme ; elle passait généralement pour une jeune femme paisible, qui n'éprouverait jamais une de ces tempêtes du cœur qui bouleversent la vie entière, et amènent parfois d'irrémédiables catastrophes.

Les hommes qui lui avaient fait une cour assidue, et qui avaient échoué, ne se comptaient plus ; on pense bien qu'avec une beauté aussi radieuse, devant laquelle les femmes elles-même s'inclinaient, elle n'avait point dû manquer d'adorateurs, et lorsqu'il avait été bien établi que la jeune baronne était inexpugnable, les gens de ce monde frivole et corrompu, qu'on appelle la haute société, s'étaient accordé généralement pour faire, de cette vertu farouche, une simple question de tempérament, conclusion à laquelle Pastoret avait fini par arriver lui-même.

Un moment on avait pensé qu'elle sacrifiait peut-être en secret au culte de Sapho la Lesbienne, car la malignité publique avait remarqué qu'elle avait presque toujours des femmes de chambre d'une remarquable beauté, mais plusieurs dames, notoirement connues pour s'adonner à ces pratiques, ayant voulu tâter le terrain, s'étaient vues repousser avec dégoût, et la chose s'étant chuchottée sous le manteau, l'opinion qui lui attribuait une absence complète de tempérament avait fini par dominer entièrement... La seule personne qui aurait pu éclaircir cette question, son mari, était aussi la seule à qui on n'en pouvait parler.

Dans tous les cas, soit qu'il partageât l'opinion commune, soit qu'il eût en sa femme une confiance absolue, le baron laissait à cette dernière la plus entière liberté : jamais une parole sur ses absences, il ne s'inquiétait même jamais de savoir, en rentrant de son cercle, si la baronne était à l'hôtel, et depuis deux ou trois ans qu'ils vivaient dans des appartements entièrement séparés, Madame de La Morlange eût pu rester une nuit entière au dehors, sans que le baron s'en aperçût.

Il est vrai de dire qu'elle ne paraissait pas en abuser. Toutefois il y avait dans sa vie un point mystérieux, dont personne, pas même ses serviteurs, ne s'étaient aperçu. Tous les samedis soir, sous prétexte d'aller au théâtre, elle sortait à huit heures en fiacre, et rentrait avec le même véhicule, entre minuit et une heure du matin. Or quelqu'un qui eût parcouru ces soirs-là toutes les salles de spectacle de Paris, ne serait certainement pas parvenu à l'y rencontrer, car elle ne mettait jamais les pieds dans une seule, hors les jours de *premières*, où elle y était conduite par son mari.

Peut-être, en la suivant un jour, arriverons-nous à connaître le but de ses pérégrinations.

Après avoir donné un dernier tour à son opulente chevelure qu'elle rattacha en une seule masse, à l'aide d'un nœud de ruban, Madame de la Morlange resta pensive pendant quelques instants, l'œil perdu dans le vague de sa pensée..., une certaine hésitation se peignait dans son attitude... et ses lèvres s'agitaient par moment comme si elle se parlait à elle-même...; puis jetant un dernier regard sur la psyché dans laquelle se reflétait son beau corps, elle s'enveloppa toute entière dans un crépon de chine, et après avoir abaissé le modérateur des lampes électriques, sortit discrètement de ses appartements...

Nous avons vu que Gervaisis, cédant à la fatigue, avait fini par s'endormir, mais son sommeil était loin d'être paisible, trop d'émotions l'avaient agité dans la journée, pour qu'il pût jouir aussi rapidement d'une tranquillité parfaite ; plusieurs fois déjà il s'était réveillé en sursaut, après avoir prononcé des paroles sans suite, qui décelaient l'état de son âme, le nom de la baronne revenait en effet constamment sur ses lèvres.

A un moment donné, comme il venait encore de soupirer amoureusement après son idole, il entendit une voix douce murmurer à quelques pas de son lit : « Qui donc m'appelle ici... »

A cet accent bien connu, Gervaisis s'éveilla tout-à-fait, et jeta un regard languissant autour de lui.

Un cri étouffé, par l'excès même de la surprise, s'échappa de sa poitrine, et croyant être le jouet d'une hallucination, il se passa fiévreusement la main sur le front, comme pour le dégager de la vision dont il était assailli sans relâche, mais qui n'avait pas encore été aussi vive et aussi nette..., sous la lueur vacillante d'une veilleuse en cristal de Bohême, suspendue à la rosace du plafond, il venait d'apercevoir distinctement la forme de la splendide statue qui se trouvait au salon, si fidèlement reproduite, qu'il crut un moment qu'on l'avait transportée dans sa chambre pendant son sommeil; cette impression jointe aux paroles qu'il avait cru entendre, l'avaient jeté dans une exaltation facile à comprendre.... Lorsqu'il se décida à ouvrir de nouveau les yeux, il resta interdit, comme stupéfié, ne pouvant ni faire un geste, ni prononcer une parole... ; la gracieuse image s'était rapprochée, au point de toucher presque sa couche, c'était bien la même pureté de formes, la même splendeur de lignes..., la même pose provoquante et pleine d'abandon..., un bras ramené sous les seins, et l'autre gracieusement allongé, comme pour cacher, de la main, le nid

13.

doux et charmant où s'élaborent les mystères de la vie, siège en même temps des amoureux plaisirs ; c'était bien la même chevelure oudoyante.... Tout à coup, Gervaisis poussa, en s'élançant hors du lit, une exclamation si passionnée que la statue en frémit..., les superbes cheveux avaient le pâle reflet de l'or, la statue était animée... et le jeune abbé était aux pieds de Madame de La Morlange.

— Quoi, c'est vous ! vous ! vous ! disait Gervaisis avec ivresse, vous, mon rêve enchanté, ma religion, mon Dieu, mon tout !

— Oui ! répondit la jeune femme toute palpitante de désirs, c'est bien moi, mon adoré ! mon amant, mon maître ! mon lion superbe et doux !...

Et sa voix tremblante expira dans une plainte amoureuse... A genoux devant elle, les bras passés autour de sa taille souple et ferme, Gervaisis baisait à pleine bouche cette chair fraîche et parfumée, dont les exhalaisons sensuelles le plongeaient dans des extases sans fin... et tout à coup, comme le voyageur altéré qui boit à même le ruisselet qui gazouille sous la mousse, comme l'abeille qui aspire, au sein des fleurs, les parfums les plus suaves, le jeune homme avait plongé ses lèvres ardentes, à la source même des plus délicates sensations... et la baronne, fléchissant sous l'âpreté voluptueuse de cette caresse s'était laissé tomber, à demi pâmée, sur la couche de son amant... et le doux susurrement des baisers alterné avec le bruit des amoureux soupirs troubla seul pendant quelques instants le silence de la nuit...

A ce premier sacrifice, succédèrent de nouveaux embrassements, donnés et reçus avec une ivresse croissante ; Gervaisis faisait ployer dans ses bras musculeux et puissants, la taille souple et nerveuse de la baronne, qui ondulait sous l'étreinte, comme les blés murs sous les caresses du vent, et lorsque ses seins s'écrasaient contre la poitrine velue de son amant, que tout frissonnait en elle, sous les chocs cadencés du rustre, qui pétrissait son beau corps de ses caresses de paysan et laissait à ses lèvres roses les traces sanglantes de ses dents..., la jeune femme, les yeux hagards, affolée de jouissance, lui jetait à la face — ô mystère de la corruption humaine ! — les épithètes les plus obscènes et les plus ordurières... On eût dit une fille de joie en rut, fouaillée par un souteneur de barrière. Gervaisis les lui rendait au centuple, et, chaque fois qu'un de ces mots ignobles venait frapper les oreilles de la baronne, ses yeux brillaient d'un feu étrange, sa poitrine haletait, et sa tête finissait par retomber sur sa couche avec un long soupir d'ivresse.

Ces expressions obscènes étaient comme le coup de fouet qui lui faisait saillir le sang et tressauter les nerfs.

Qui donc avait été son maître dans l'art de la débauche et l'avait ainsi corrompue jusqu'aux moelles ? Gervaisis ne s'en inquiétait guère ; car, chez lui, l'amour était une passion toute bestiale, et ses fureurs sensuelles pouvaient parfaitement se comparer aux emportements hystériques de la baronne.

C'était un hasard que ces deux êtres se fussent rencontrés..., mais ils étaient si bien faits l'un pour l'autre, qu'au premier choc, ils s'étaient devinés, et qu'en les voyant se tordre, étroitement enlacés, en d'infernales caresses, nul n'aurait osé penser que c'était là leur première nuit d'amour... et cette nuit, il y avait six mois que la baronne de La Morlange l'attendait !...

On comprend qu'à cette pieuvre il fallait un amant taillé comme le paysan de Cormeilles en Parisis, et que les jeunes efféminés du noble faubourg eussent fait triste mine entre les bras de cette bacchante aux ardeurs toujours nouvelles, toujours inassouvies......

Quatre heures durant, Gervaisis soutint cet assaut ; mais il vint un moment où ses bras se détendirent ; malgré les plus lubriques baisers, la virilité refusa de renaître, et sa tête retomba sans forces sur l'oreiller.... La baronne, après l'avoir contemplé un instant, se leva, le teint animé, la figure aussi fraîche qu'après une nuit de repos, et, s'enveloppant de nouveau dans son châle de soie, elle regagna rapidement son appartement.

Son cabinet de toilette possédait toute une installation d'hydrothérapie ; elle se plaça sous la douche et fit jouer le ressort ; pendant dix secondes, elle resta sous un déluge d'eau qui lui arrivait de tous côtés, perpendiculairement, en spirales, en jet de pompe, puis, après s'être séchée, elle se glissa calme et souriante dans son lit.....

Le matin qui suivit cette étrange nuit, Gervaisis, qui avait donné des soins minutieux à sa toilette, descendit aux grands appartements, prêt à jouir des privautés que sa nouvelle situation devait lui valoir ; mais, comme il s'avançait, le sourire aux lèvres, les bras ouverts, Mme de La Morlange l'arrêta d'un geste impérieux et froid.

— Comment, monsieur l'abbé Gervaisis a-t-il

passé la nuit? lui demanda-t-elle d'un ton indifférent, admirablement joué.

Le malheureux fut sur le point de défaillir, il balbutia quelques mots sans suite, et resta interdit, l'œil hagard, devant sa maîtresse, qui, après un « au revoir, Monsieur Gervaisis », prononcé du même ton, lui tourna le dos et le planta là.

Le pauvre diable courut comme un fou chez Pastoret, et, après lui avoir conté, dans tous ses détails, la nuit d'orgie qui avait suivi le festin de la veille, il lui fit part de la réception qui venait de lui être faite, et, comme il se désolait de cet incident, son ami lui répondit en riant, de l'air sarcastique qui lui était habituel :

— Comment, tu n'es pas satisfait! tu n'exultes pas de bonheur d'avoir possédé une pareille femme; tu seras bien toujours le même, mon pauvre Zisis?... Il ne te suffit pas d'être l'amant secret de la baronne de La Morlange; pour que ta joie fût complète, il faudrait qu'elle te permît encore de la traiter comme une grisette dont tu viendrais de faire la conquête! C'est bien cela! Monsieur arrivait pommadé de frais, la bouche en cœur, les bras tendus, et la baronne devait pousser un cri de joie et s'élancer sur la poitrine de Monsieur, en l'appelant mon gros chéri, quitte à se donner en spectacle aux femmes de chambre et aux autres serviteurs qui pouvaient entrer à cette heure dans les appartements! Tu n'es qu'un lourdaud sans délicatesse d'esprit, sans finesse de sentiments... Il est vrai que si tu possédais ces qualités, il y a longtemps que tes larges épaules et ta tournure d'Hercule forain auraient disparu, et, dans ce cas, cette conquête n'eût pas été pour toi..... Je t'avouerai même que je n'y comptais plus, tellement elle a bien joué son jeu hier soir. Comprends-donc, triple... Gervaisis.

— C'est cela; voilà mon nom synonyme d'imbécile.

— Ma foi, tu y prends peine. Comprends donc que, pour te conserver près d'elle, Mme de Morlange est tenue à une prudence même exagérée ; il ne faut pas que le plus léger soupçon puisse se faire jour ; sans cela, la malignité du monde renchérit sur les racontars des domestiques, et le moment arrive où, pour sauvegarder sa réputation, son rang, l'estime publique, et éviter quelque drame conjugal, — car si peu jaloux que soit un mari, il ne faut jamais lui mettre ces choses-là sous le nez, — elle est obligée de te mettre à la porte.

— J'en mourrais, vois-tu ; car, depuis que j'ai tenu dans mes bras ce corps admirable, que j'ai senti ses seins nus sur ma poitrine, que ses lèvres ont répondu aux baisers des miennes, c'est une passion insensée, furieuse, que j'éprouve pour elle ; je tuerais sans pitié l'homme qui voudrait me la disputer, et si jamais j'avais un rival.....

— Allons, calme-toi ; personne ne songe à te la prendre, ta baronne, par le motif excellent qu'elle ne se donne qu'à qui lui plaît ; mais, sois raisonnable, attends à ce soir, et suis les conseils qu'elle ne manquera pas de te donner.

— Tu crois donc qu'elle reviendra? interrompit fiévreusement Gervaisis.

— J'en suis sûr.

— Que le ciel t'entende !

— C'est l'enfer que tu veux dire ; car, en ce moment, mon petit Gervaisis, nous travaillons un peu bien pour messer Satanas.

Après un excellent déjeûner, fait chez Foyot, le Vatel de la rue de Tournon, Gervaisis quitta son ami un peu réconforté. Ce dernier avait un rendez-vous avec la femme d'un riche raffineur de sucre, qui lui comptait deux mille francs par trimestre pour ses pauvres, et lui prouvait tous les lundis de chaque semaine, de trois à cinq, que, malgré ses quarante-deux ans, elle avait conservé un goût particulier pour les jeunes prêtres et le culte de Vénus.

— Les vieilles femmes sont les désagréments du métier ; mais il faut en passer par là, mon cher bon, dit Pastoret à Gervaisis en lui faisant cette confidence ; les jeunes, même les plus riches, n'ont jamais d'argent ; tout est dévoré par leur toilette, et elles croient faire beaucoup déjà en donnant leur personne ; ce sont les matrones qui nous entretiennent, sous couleur d'aumône ; je vais donc gagner ma pauvre vie, fit le cynique personnage, en prenant congé de son ami.

— Et tu as beaucoup de jours par semaine employés comme cela ?

— Presque tous, sans exception... : ainsi, aujourd'hui lundi, je raffine..... mardi est un jour de liberté ; mais le lendemain je mets sous presse une fabricante de chaussures à vis — sans calembour — et à l'emporte-pièce, pour l'exportation. Le jeudi... mais en voilà assez ; quand tu quitteras la réserve pour le service actif, car chez nous, c'est le contraire de l'armée, la *réserve* est avant l'*active*, tu verras, par toi-même, combien un vicaire des grandes paroisses de Paris est occupé par ce côté spécial de l'emploi...

— Je ne sais même comment tu peux y suffire.

— Baste ! on triche un peu à l'occasion, et puis il y en a qui se contentent à bon compte... ainsi la vieille baronne de L***, que je vais voir le matin, me reçoit au lit, et je lui tapotte tout doucettement, sous la couverture, la plus forte partie de son individu, qu'elle a conservée grasse et blanche... C'est tout ce qu'il lui faut, à cette brave douairière ; elle me revaud cela en attentions toutes maternelles, confitures, liqueurs fines et terrines truffées, sans compter quelques billets de cinq cents de temps à autre.

Bien que Gervaisis fût habitué de longue date au cynisme de son ami, il ne pouvait jamais l'entendre parler ainsi sans protester que, pour sa part, il n'accepterait jamais d'argent de femmes qui auraient eu pour lui de tendres faiblesses ; dans son honnêteté de paysan, il lui répugnait de puiser à une source aussi impure...

Après avoir quitté son ami, le restant de la journée fut pour lui d'une longueur désespérante ; rentré à l'hôtel de la rue de Varennes, il étudia, d'après les conseils qu'il avait reçus, la tenue qu'il devait conserver désormais en présence de Mme de La Morlange, et il y réussit si bien, qu'au dîner il retrouva la baronne simple, aimable et bonne, mais sans familiarité, ainsi qu'elle avait été la veille. Avec un art infini des nuances, elle le traitait avec les égards dus à un prêtre ; mais, en même temps, avec la réserve un peu hautaine d'une femme de son monde et de sa qualité.

Quel qu'envie qu'il en eût, Gervaisis ne chercha pas à lire dans les yeux de sa maîtresse pour savoir si la nuit qui allait suivre devait voir se renouveler les ivresses de la nuit précédente... Un moment, il fut sur le point d'adresser à la baronne une question à double entente, qui permît à cette dernière de lui faire connaître sa pensée, sans éveiller l'attention de la *livrée*, mais une voix intérieure le traita aussi énergiquement d'imbécile que Pastoret l'eut fait lui-même, et il sut se contenir jusqu'à la fin du repas. Mme de La Morlange, qui n'était pas sans le remarquer, l'en remercia en redoublant d'attentions charmantes, et ce sourire, que Gervaisis guettait intérieurement comme la goutte d'eau que le voyageur altéré attend du ciel au désert, il le reçut enfin au moment où, sur le point de se retirer, il s'inclinait devant la baronne pour lui présenter ses devoirs.

Ce ne fut qu'un fugitif éclair, mais si tendre et si passionné, que Gervaisis en tressaillit dans tout son être.

En rentrant chez lui, après une courte visite à un de ses anciens amis du séminaire, vicaire à Saint-Germain-l'Auxerrois, il trouva sa bible ouverte sur son bureau et marquée à l'ongle au verset suivant ;

« ...... Mon amant est comme un sachet de myrrhe parfumé ; il passera la nuit entre mes mamelles...»

En lisant, il eut comme un éblouissement ; la nuit dernière lui paraissait déjà comme un songe ; il se demandait s'il était bien vrai qu'il eût tenu dans ses bras cette femme si passionnément désirée, et si, par un jeu cruel du sort, tout n'allait pas se réduire à cet unique moment de bonheur..., et voilà que l'objet de ce violent amour prenait soin lui-même de lui assigner un nouveau rendez-vous !...... tout doute devait désormais disparaître de son esprit, il n'avait plus qu'à attendre l'heure du berger !...

Deux heures après, en se cambrant toute palpitante sous l'étreinte passionnée de son amant, la baronne lui disait d'un ton câlin et soumis...

— « La nuit, je suis ton esclave fidèle, ton chien ; bats moi, jouis de moi, repousse-moi, j'accepterai tout de toi ; mais ne m'en veuille pas si, le jour venu, je continue à te traiter comme aujourd'hui ; dans huit jours, tu ne serais plus ici, si notre intimité était simplement soupçonnée par M. de la Morlange, et si jamais il en avait la certitude, tel que je le connais, il te tuerait sans merci. Ce n'est pas qu'il m'aime ; toutes relations ont cessé entre nous ; mais, vaniteux comme la plupart des hommes, même quand il n'aime plus, il veut être aimé, même quand il est infidèle, il ne veut pas être trompé. »

A dater de ce jour, Gervaisis accepta avec joie la situation qui lui était faite, subalterne le jour, et roi la nuit.

Mais, avec son tempérament, il ne pouvait pas échapper à l'écueil que Pastoret lui avait signalé, l'amour qu'il éprouvait pour la jeune baronne ne fit que s'accroître par les difficultés que rencontrait son expansion ; il devait successivement connaître toutes les tortures que la jalousie impose à ceux qui ont le malheur de se laisser dominer par une passion qu'ils ne peuvent avouer aux yeux du monde, et creusent, de leurs propres mains, le fossé dans lequel ils finiront par tomber un jour.

Pastoret avait raison, quand il lui répétait jusqu'à satiété, qu'il fallait sacrifier plusieurs générations pour élever un homme, et qu'il devait d'autant plus se garder des difficultés du chemin, qu'il était moins préparé à les surmonter. Mais l'expérience ne s'acquiert qu'à ses dépens ou par hérédité, et le fils du paysan de Cormeilles, ne l'ayant reçue par aucune de ces deux voies, allait succomber au premier choc, dans le rude combat de la vie; alors que Pastoret, le sceptique enfant de Paris, qui devait descendre jusqu'au crime, s'élèverait, au contraire, aux plus hautes dignités de l'Église.

Cette semaine-là, pour la première fois de sa vie, la baronne de La Morlange ne s'absenta pas le samedi.

IV

LA MESSE D'AMOUR !

— Bénissez-moi, mon père, parce que j'ai péché, murmurait une voix douce, que nous connaissons déjà, dans le confessionnal de Pastoret.

— Votre âme est aussi pure que celle des anges, répondit le prêtre ; priez, car je vais vous donner l'absolution.

Et, pendant quelques instants, la voix de l'ange et celle de Satan se réunirent dans un duo sacrilège, où la jeune fille apportait tout ce que son cœur était susceptible de foi, d'amour et de charité, et le prêtre, on cynisme et sa sceptique indifférence.

Madeleine, après avoir passé la semaine en prière, était accourue tremblante de joie au rendez-vous du samedi, s'attendant bien, cette fois, à être initiée aux mystérieuses pratiques qui devaient l'unir pour l'éternité à son époux en Jésus-Christ.

Pauvre chère colombe, encore si pure et si chaste, tu étais définitivement condamnée !

La bonne fortune de Gervaisis, que Pastoret lui avait prédite sans y croire, par une sorte de fanfaronnade divinatoire, avait eu pour résultat d'exciter, chez ce dernier, toutes les fibres sensuelles, tous les appétits malsains ; à ce blasé de trente ans, les duchesses même ne suffisaient pas ; il lui fallait des jeunes filles de quinze à seize ans, presque des enfants !..... Les scrupules qu'il avait éprouvés quelque temps auparavant n'existaient plus, et il s'était rendu ce jour-là à son confessionnal, bien décidé à profiter de l'œuvre de corruption lente et diabolique qu'il avait entreprise ; cette nuit même, il célébrerait avec sa jeune pénitente cette messe d'amour, dont le souvenir était conservé dans les traditions obscènes de Saint-Sulpice, depuis que le jésuite Girard l'avait célébrée en se servant de la belle Cadière en guise d'autel.

L'absolution à peine donnée, la scène changea et devint un véritable cantique d'amour mystique de la part de la jeune fille, et de lubriques allusions du côté de Pastoret, qui prenait plaisir à faire frissonner cette jeune âme, dont rien d'impur n'avait encore souillé la pensée ! Empruntant le langage du cantique des cantiques, il se réjouissait des rougeurs charmantes, des troubles pudiques, que ses hardiesses bibliques appelaient sur son gracieux visage.

— M'aimes-tu, ô ma douce amie, tu es pour moi comme la rose de Sçaron et le muguet des vallées.

— Si je t'aime, ô Maurice, mon bien-aimé ; ne suis-je pas prête à sacrifier tout bien terrestre de ce monde périssable, pour être certaine d'être unie éternellement à toi, dans la Jérusalem céleste, qui ne passera point.

— Tu es pour moi, chère Madeleine, comme la noire beauté des tentes du Cédar, que Salomon a chantée ; ta bouche est plus douce que le miel ; ton beau cou est poli et blanc comme la la tour de David, et tes deux seins ressemblent à de blanches colombes qui battent des ailes dans leur nid... Sache, ô Madeleine bien-aimée, que les prophètes et les saints rois de Juda ont chanté leur amante dans d'immortels cantiques, image du grand amour que le Christ devait avoir pour son Eglise... et notre *union* continuera ce symbole antique de l'éternel amour qui n'existe qu'au ciel... Nous monterons donc à l'autel aussi purs qu'Adam et Eve avant leur faute, que les anges qui s'asseoient à la droite de l'Éternel, et nous le redirons ensemble ce chant d'amour, à qui tout dans l'univers doit son existence et sa fécondité. Voilà huit jours que, priant du matin au soir, et du crépuscule à l'aurore, je me prépare à ce mystérieux sacrifice, si grand, que les célestes théories des séraphins et des archanges s'en réjouissent au plus haut des cieux, quand il est offert quelque part sur la terre par deux êtres assez purs devant le Seigneur pour oser se présenter à lui tels qu'ils sont sortis de ses mains ; car c'est l'ancien sacrifice du paradis terrestre avant la faute, avant que nos premiers pères se fussent aperçus de leur nudité... Arrière donc tous ces voiles, sous lesquels l'homme coupable a caché depuis la plus belle œuvre du Créateur ; que rien d'humain ne souille notre corps dans l'union céleste que nous allons contracter ; tout doit être nu sous l'œil de Dieu !

Pastoret avait prononcé ces paroles avec une émotion contenue, en faisant vibrer d'un ton mélodieusement sombre les cordes de sa belle voix de baryton ; on eût dit un prophète inspiré répandant autour de lui la bonne nouvelle, et Madeleine, dans son pieux fanatisme, l'avait écouté avec une sorte d'extase ; tout frémissait en elle, et, dans sa naïve ignorance, elle regardait comme une manifestation directe dans la grâce et un avant-goût du bonheur réservé aux élus, les excitations purement sensuelles qu'elle éprouvait, dont la présence et la voix de son mystique amant étaient la seule cause.

En cet état d'extatique béatitude, elle était prête à accepter tout ce que Pastoret lui proposerait.

Aussi, lorsque ce dernier lui demanda d'une voix tendre et passionnée si elle acceptait d'être offerte au Seigneur comme une hostie sans tache, dépouillée de tous ses voiles, qui cachaient son corps chaste et virginal, répondit-elle d'un ton où l'on sentait les dernières hésitations de sa pudeur vaincue :

— Que la volonté du Seigneur s'accomplisse.

— Ne crains rien, ma douce amie, répondit l'habile comédien; c'est la parole de Dieu qui tombe de ma bouche, et ne t'alarme point s'il est des choses dont tu ne comprendras pas la portée, car l'ecclésiaste a dit :

« O toi qui ne sais quelles routes parcourent les vents, ni comment l'enfant reçoit la vie dans les entrailles de sa mère, peux-tu donc espérer de connaître les secrets desseins de Dieu. »

— Que la volonté de Dieu s'accomplisse ! répondit de nouveau la pauvre enfant..., et elle étouffait dans sa gorge un sanglot qui venait de lui monter du cœur.

Pastoret devina cette douleur muette, et, craignant qu'avec les heures de réflexion qui lui restaient, sa proie ne vînt à lui échapper, il reprit d'une voix onctueuse dans laquelle il laissait percer à dessein une certaine amertume :

— Il en est temps encore, Madeleine, si la grâce ne vous a point touchée ; aucun serment ne nous lie l'un à l'autre, et vous pouvez reprendre votre liberté, si vous ne vous sentez pas la force d'accomplir ce suprême sacrifice. Ce soir même, nous nous séparerons pour toujours, car nous ne pourrions continuer éternellement ce jeu-là sans pécher, puisque nous ne sommes rien l'un pour l'autre ; il ne me restera qu'à demander à Dieu la force de vous oublier.

A ces paroles odieusement calculées, Madeleine ne put s'empêcher d'éclater en pleurs ; la pauvre enfant aimait sérieusement, d'un amour moins céleste qu'elle ne le croyait ; tout tressaillit en elle à la seule pensée de ne plus revoir celui qu'elle se berçait de pouvoir un jour aimer sans crime ; aussi, prenant la profonde douleur qu'elle venait d'éprouver pour un avertissement du ciel, elle se hâta de jurer à son amant qu'elle n'avait jamais hésité de se confier à lui.

— Pourquoi donc pleures-tu, ma douce Madeleine, mon épouse chérie ? demanda l'astucieux personnage, en reprenant avec elle le langage familier.

— Ah ! la seule crainte de ne plus te voir a fait couler mes larmes.

— Sèche ces précieuses perles qui coulent de tes yeux, et que je ne puis recueillir dans un baiser.

— C'est fini ; tous mes chagrins s'envolent lorsque ta douce voix chante dans mon cœur.

— Chère Madeleine.

— Cher Maurice.

— Donne-moi le bout de tes doigts à baiser...

La jeune fille passa ses doigts mignons à travers le grillage, et Pastoret déposa sur chacun d'eux un long et ardent baiser ....; un frisson d'amour parcourut tout le corps de la pauvrette, qui ne comprenait rien encore à cette révélation des sens.

Ils se séparèrent en se donnant, comme la dernière fois que leurs projets avaient dû être ajournés, rendez-vous à la petite porte du jardin de l'hôtel de R***, pour l'heure déjà convenue. Pastoret devait se trouver à quelques pas de là avec une voiture.....

Il ne fallait guère plus de cinq à six minutes pour arriver chez le jeune vicaire. Comme il n'était pas de semaine ce jour-là, la chapelle où se trouvait situé son confessionnal était vide ; aucune de ses pénitentes habituelles n'était venue, et il put rentrer chez lui de bonne heure, pour savourer d'avance toutes les douceurs de son triomphe.....

Je laisse de côté le séducteur et ses obscènes jouissances pour suivre un instant la jeune Madeleine dans l'appartement virginal qu'elle occupait au somptueux hôtel de son père. Fille unique, espoir d'une grande famille, qui avait déjà obtenu que le nom et les titres patrimoniaux passeraient sur la tête du gendre que le marquis de R*** se serait choisi, elle avait eu le malheur d'être élevée par une mère d'une piété ardente, mais bornée, et qui confondait la religion avec les pratiques extérieures les plus minutieuses. Aussi, dès son bas âge, Madeleine avait-elle été astreinte, avec une régularité méthodique, à assister à tous les offices de sa paroisse, quels qu'ils fussent, et quand elle eût atteint l'âge voulu, à communier tous les dimanches.

Avec une pareille éducation, la jeune fille devait forcément tourner toutes les forces vives d'une imagination ardente vers les mystères et les fictions symboliques du catholicisme, et ne rien voir au delà du bonheur de travailler au salut de la vie future; ne connaissant, en dehors des choses de la religion, que ses affections de famille, ignorant tout du monde, et ses infamies et ses pièges, il était naturel de penser que le jour où son jeune cœur viendrait à battre, ce serait uniquement dans le cercle restreint où elle vivait, qu'elle irait se chercher un idéal.

Pendant longtemps la marquise avait accompagné sa fille à l'église ; il est à supposer que si elle avait toujours pu se charger de veiller sur elle, la charmante enfant ne serait jamais devenue la proie d'un prêtre libertin ; mais une paralysie du côté gauche, arrivée à la suite des épreuves de l'âge critique, l'avait obligée à se faire remplacer, auprès de sa fille, par une femme de chambre qu'elle avait à son service depuis de longues années, et qui trompa indignement sa confiance en se faisant la complice de Pastoret.

Quant au marquis, bien qu'il n'eût en réalité aucune conviction religieuse, il était, par tradition de famille, attaché à la religion de ses pères, et estimait qu'il n'y avait pas de meilleure sauvegarde pour les femmes ; il était donc à cent lieues de penser que ce serait une cause de perte pour sa fille, à laquelle il portait une affection exclusive et aveugle. Il n'y avait pour lui rien au monde de supérieur à sa Madeleine, et, à aucun prix, il ne l'eût contrariée dans ses goûts et ce qu'il appelait lui-même sa manie religieuse.

La jeune fille s'était élevée en pleine liberté, pendant cette période si critique de douze à seize ans, entre une mère infirme et un père qui la gâtait à plaisir, la pauvre enfant était donc jusqu'à un certain point excusable ; car, outre qu'elle n'était en rien prémunie contre les moyens de séduction qui pouvaient venir d'un prêtre, Pastoret, nous l'avons déjà dit, était d'une beauté réellement remarquable, que rehaussait encore une élégance naturelle qui lui venait, sinon de sa naissance, du moins du milieu dans lequel il avait toujours vécu.

Par malheur pour Madeleine, ce sceptique corrompu s'était mis dans la tête, un beau jour, nouveau minotaure, de sacrifier une vierge sur l'autel de ses vices, et, ayant remarqué l'assiduité aux offices de cette jeune fille qui lui était inconnue, mais se distinguait entre toutes les autres par son grand air et surtout sa sincère piété, il dirigea immédiatement ses batteries de façon à s'en faire aimer. Et nous avons vu si ce misérable avait réussi; car il avait trouvé le moyen de l'amener à ses genoux, s'accuser elle-même, avec une naïve componction, de l'amour qu'elle ressentait pour lui.

Un instant, le misérable avait hésité à poursuivre son œuvre malsaine ; mais la peur de s'attacher d'une façon exclusive à la duchesse de G*** et de compromettre peut-être toute sa carrière, car il était ambitieux et rêvait déjà d'atteindre aux plus hautes dignités de l'Église, l'avait fait revenir sur ses scrupules, et la perte de la jeune fille avait été résolue... Cependant, s'il avait pu sonder l'avenir et prévoir que la terrible aventure devait le conduire à deux doigts de sa perte, peut-être aurait-il renoncé de lui-même à l'accomplissement de ce honteux exploit ; mais il se sentait assez habile pour parer à toutes les éventualités qui pouvaient lui venir du dehors et ne se méfiait que de ses propres faiblesses, et, pour ne pas commettre d'imprudence avec la grande dame qui était venue d'elle-même se livrer à lui, il avait décidé d'en sacrifier une autre, aussi pure, aussi chaste que les anges, auxquels il ne croyait pas, afin qu'ayant le cœur occupé, tiraillé de deux côtés à la fois, il ne pût commettre d'irrémédiables fautes avec aucune d'elles.

C'était peut-être très fort comme calcul égoïste, mais le résultat devait lui démontrer que chez lui le cerveau était plus fort que le cœur; car il devait arriver, événement bizarre et auquel il ne s'attendait guère, que ce qu'il craignait, pour une seule de ces femmes, se produisît pour toutes les deux, et qu'il les aimât l'une et l'autre à en perdre la raison..... Ce fut là son châtiment, ainsi que nous le verrons; mais, à un moment donné, alors que Gervaisis, qui n'avait que le cœur et la brutalité de sa passion, succombait, le cerveau, chez Pastoret, c'est-à-dire l'intelligence et l'habileté reprenaient le dessus, et venaient fort à propos le sauver des faiblesses du cœur.

Un autre motif n'avait pas été sans importance sur sa décision finale. Il avait toujours rêvé d'offrir cette célèbre messe d'amour, qui a retenti souvent dans le huis-clos de la cour d'assises, et dont les jeunes séminaristes s'entretiennent souvent dans leurs causeries intimes; mais il avait toujours dédaigné d'avoir la première venue pour compagne dans ce mélange des plus saintes cérémonies du culte et des plus obscènes inventions de la débauche... Ce qu'il lui fallait, c'était une femme dont personne encore, pas même lui, n'eût soulevé le dernier voile, une femme toute frissonnante de pudeur et de terreur religieuse, au moment où il lui poserait l'hostie sur les seins nus..., et la presserait à l'élévation dans ses bras sacrilèges.....

Onze heures et demie sonnaient à la vieille église paroissiale, lorsque Madeleine franchit la petite porte du jardin de l'hôtel et fut reçue par Pastoret, ivre de joie et d'amour, qui la transporta dans la voiture ; il avait quitté ses habits ecclésiastiques pour la circonstance.

— Il faut qu'elle soit rentrée avant quatre heures du matin, fit la femme de chambre au jeune vicaire, qui était revenu près d'elle, jusque-là rien à craindre..., du reste, j'ai tout prévu et je veillerai... Il se pourrait que Mademoiselle n'eût pas le temps de rentrer dans sa chambre ; mais je l'ai fait déshabiller tout entière ; elle n'a sur elle qu'un léger peignoir ; son lit est défait, ses vêtements gisent épars sur le tapis, et, à la moindre alerte, je ne ferai qu'un saut à la gare, où il y a des voitures à toute heure ; je cours chez vous, nous rentrons en quelques minutes, et nous sommes censés n'avoir pas quitté le jardin ; une névralgie expliquerait tout. Mademoiselle ne pouvait dormir, et nous sommes descendues prendre l'air...

— Bien, ma bonne, répondit Pastoret ; je saurai reconnaître le service que vous nous rendez...

— C'est un vrai morceau de roi que je vous livre-là, polisson ! répliqua la vieille matrone, avec un ignoble sourire... Enfin, soyez prudent.

Quelques minutes après, Pastoret introduisait Madeleine dans son logement de la rue de Vaugirard.

La jeune fille était exaltée, fiévreuse ; son sang coulait dans ses veines comme du feu, des désirs inconnus faisaient palpiter son jeune sein, elle dont les lèvres n'avaient été souillées parles lèvres d'aucun homme, elle se surprenait à s'étonner que Pastoret ne lui eût même pas donné un baiser... Instinctivement elle sentait qu'elle arrivait au sacrifice de sa virginité, et éprouvait plus d'émotion que d'effroi, plus de plaisir que de honte... ; ses yeux alanguis regardaient le jeune homme avec un sourire indéfinissable, et, si sa pensée tentait de résister, son cœur protestait ; sa volonté semblait paralysée, et tout en elle disait à son mystique amant:
« Me voilà ; je suis ton esclave, ton bien, ta

chose ; prends-moi, je t'aime, peu m'importe après de mourir..... »

Elle ne savait pas, la pauvre enfant, que le verre d'eau sucrée qu'elle avait bu avant de partir était destiné à annihiler toutes ses forces de résistance... Pastoret s'était défié d'elle au dernier moment, et quelques gouttes de teinture de cantharide bien dosée avaient suffi pour exciter les sens de cette enfant qui sommeillaient encore.

Ignoble profanation ! cette belle et pure jeune fille, qu'un honnête homme eût été heureux d'initier aux douces jouissances d'un amour partagé et béni par les siens, allait être souillée par un prêtre infâme, parjure à ses serments et à sa mission sainte.

Pastoret suivait de l'œil les progrès de son infâme machination ; quand il vit au feu du regard, à l'animation du visage, au tremblement des lèvres de sa victime, qu'elle était prête à accorder tout ce qu'il exigerait d'elle, il vint s'agenouiller doucement à ses pieds, et couvrit de baisers brûlants des mains charmantes, qu'on lui abandonnait avec joie, et, de sa douce voix au timbre caressant, il se remit à l'enivrer d'amoureuses paroles, et lentement, comme le serpent qui fascine l'oiseau, il se leva, et, s'assayant près d'elle sur le canapé où il l'avait placée, il la prit doucement par la taille, et, les yeux dans les yeux de l'enfant éperdue, il posa ses lèvres sur les siennes, et il lui donna longuement le premier baiser d'amour ; un soupir de sensuelle angoisse lui répondit, et la tête de Madeleine s'affaissa mourante sur l'épaule de son amant.

Alors, le satyre commença son œuvre infâme !... Qu'il eût perdu la tête à cette minute délirante du premier baiser, en sentant sous sa frêle enveloppe le corps ferme et potelé de Madeleine, la faute, pour grande qu'elle fût, car elle était irréparable, eût été cependant humaine, naturelle, et jusqu'à un certain point compréhensible, tout en restant inexcusable ; mais ce n'était point cette fleur de printemps, simplement, qu'il voulait : il tenait à la cueillir au milieu de l'orgie religieuse qu'il avait réglée dans sa pensée comme une scène de théâtre.

En un tour de main, il eût arraché jusqu'au dernier voile qui protégeait la pudeur de la belle enfant, et elle lui apparut dans toute la resplendissante beauté de sa nudité de seize ans... Jamais rien de plus parfait, de plus frais, de plus adorable, n'était sorti de l'œuvre de la nature. Ce n'était pas le corps d'une vierge, c'était la représentation idéale de la virginité elle-même, dans ce que la forme humaine avait de plus admirable..... Tout en la dévorant littéralement du regard, Pastoret avait à son tour dépouillé ses vêtements, et, la saisissant dans ses bras, il la transporta dans sa chambre à coucher et l'étendit sur son lit, recouvert de satin noir et orné comme un autel.

A l'instant où la pauvre enfant s'était sentie nue, elle avait fermé les yeux et n'avait plus osé les ouvrir ; mais on voyait au mouvement ondulé de ses deux adorables petits seins, qu'elle souffrait tout ce que sa pudeur violée pouvait supporter.

Alors commença l'étrange et inénarrable profanation...

Simplement couvert d'une chasuble de soie blanche brodée, comme en portent les missionnaires dans leurs accessoires religieux, le saint-ciboire à la main, le *missel* ouvert sur un petit pupitre de bois de rose à gauche de l'officiant, Pastoret s'avança en se signant, déposa le saint-ciboire sur le corps blanc et délicat de la jeune fille, en la priant de le maintenir de ses mains, ce qu'elle fit pour ainsi dire mécaniquement, tellement l'émotion qui l'étreignait lui enlevait tout sentiment de son existence. Puis, il commença l'office divin : « Introibo ad altare Dei... » etc.

« Je m'approcherai de l'autel de Dieu, du Dieu de bonté qui remplit mon âme d'une joie toujours nouvelle... » faisant lui-même les demandes et les réponses.

A l'*Introït* succède le *Confiteor*; le corps incliné vers la terre, les mains jointes, les yeux baissés, Pastoret ait l'aveu de son ardent amour pour Madeleine, amour partagé par la jeune fille, et il a l'audace d'appeler les bénédictions du Ciel sur l'union sacrilège qui va s'accomplir.

Puis il s'incline sur ce beau corps, qui tressaille à son contact, et le baise sur toutes ses parties en disant chaque fois qu'il pose ses lèvres : « Effacez, Seigneur, toutes les souillures de cette belle gorge..., de ce cou blanc et délicat..., de ces flancs qui n'ont pas encore conçu de la semence d'un homme, de ce sein ... ombragé — abombrata vagina, — qui est comme l'entrée du sanctuaire, de ces belles cuisses aussi polies que l'ivoire..., etc. »

Et lui-même, à chaque invocation, répondait amen!

Sous le coup de ces embrassements lubriques, que Pastoret prolongeait à plaisir, Madeleine se tordait comme une jeune lionne sous l'action de la chaleur....

A l'évangile, il s'écria, en prenant une pose extatique :

« O vierge d'Hermon et du Cédar ! que tu es belle, que tu es agréable ! ton haleine est un parfum suave, tes yeux sont comme les lumières du ciel, ta bouche est comme une grenade entrouverte, et tes dents sont des perles, ton beau col est comme la colonne d'airain qui soutient le tabernacle.

» Tes deux blanches épaules sont comme les collines de Sion.

» Tes mamelles, comme des grappes de troëne, dans les vignes d'Hengadi, et leurs extrémités ressemblent à deux boutons de roses qui commencent à éclore. Tes hanches sont comme deux monts superbes du Liban, qui gardent un jardin encore fermé, une source close, une fontaine cachée sous l'ombrage.

« O vierge du l'Hermon et du Cédar ! que tu es belle, que tu es agréable ! je dormirai avec toi, sur une couche d'herbes parfumées, lorsque les herbes fleuriront et que les fruits pousseront dans la vallée. »

A l'offertoire, il murmura d'un ton mystérieux :

« O Seigneur ! que le sacrifice qui va bientôt s'accomplir vous soit agréable ! »

A l'oblation :

« O Dieu, souvenez-vous que le sang que je vais bientôt répandre est le même que celui qui coula sur la croix. »

Au lavabo :

Il répand quelques gouttelettes d'eau sur le corps de Madeleine et l'essuie avec un linge de fine batiste.

« Que ce nouveau baptême nous rende aussi purs que les archanges qui siègent à ta droite, et que ces gouttelettes soient l'image de la semence, par laquelle tout renaît et se perpétue ! »

A l'élévation :

Pastoret s'écrie d'une voix forte :

« Le moment solennel est arrivé ; à l'exemple

de la chair et du sang du Christ, qui se mélangent sur l'autel, nous allons mêler notre chair et notre sang, unir nos deux corps, nos deux âmes, nos deux cœurs, et qu'un amour éternel nous unisse à jamais, sur la terre et dans le ciel !... »

En prononçant ces dernières paroles, il rejeta en arrière la chasuble de soie qui le couvrait, et, se penchant vers la jeune fille, il lui donna de nouveau un long et profond baiser d'amour, que la pauvre enfant, sous l'empire de l'aphrodisiaque qu'elle avait absorbé, reçut en se tordant sur l'autel improvisé, où elle avait joué le rôle de l'agneau pascal offert au Seigneur.

— Madeleine, lui dit-il alors, l'heure est venue d'unir nos corps comme nous avons uni nos âmes, par un lien indissoluble ; m'aimes-tu ?

— Je t'aime, Maurice, de toutes les forces de mon être.

— Veux-tu être à moi, maintenant et toujours ?

— Oh ! être à toi, toujours, est le seul bonheur que j'envie.

Alors, Pastoret la prit dans ses bras... la taille flexible de la jeune fille se cambra sous l'étreinte passionnée de son amant..., un profond soupir, presque aussitôt étouffé..., et ce fut tout...... et l'ange de la chasteté dut se voiler tristement de ses blanches ailes..., une des plus belles ouailles de son jeune troupeau venait de lui être ravie...

En rentrant dans sa chambre de jeune fille, Madeleine se jeta sur son prie-Dieu et pleura abondamment...., peut-être comprenait-elle à cette heure tout l'odieux de l'acte dont elle avait été la victime......; mais il était trop tard pour revenir en arrière; il n'y avait plus place que pour le repentir !

Et puis, la pauvre enfant aimait éperdument, et elle devait trouver, dans son cœur, des trésors d'indulgence pour son lâche suborneur

Elle n'osait pas encore se permettre de le juger; mais le temps n'était pas éloigné où elle apprendrait à le connaître, et, ce qui devait être sa plus grande douleur en ce monde, à le mépriser... Mais, caractère généreux et chevaleresque, elle ne devait pas hésiter, malgré cela, à se sacrifier pour le sauver.

V

LE SECRET DE LA BARONNE

Pastoret parlait d'or, lorsqu'il affirmait que la jupe était la pierre d'achoppement où la plupart du temps venaient se briser les prêtres. Les trois femmes que nous venons de voir se livrer aux deux jeunes abbés eurent, en effet, une influence décisive sur la vie entière de leurs amants, seulement elles l'exercèrent chacune d'une façon bien différente.

Le jour où Mme de la Morlange eut à choisir entre sa réputation, l'estime des siens, son rang dans le monde et le fils du paysan de Cormeilles-en-Parisis devenu son amant, elle n'hésita pas à le briser, comme un verre de cristal dans lequel on a juré de ne plus boire; mais il faut le dire cependant à sa décharge, elle ne se décida à le frapper, que le jour où le rude fils des champs refusa de se soumettre aux conditions qu'elle prétendait lui imposer, et parce qu'il lui était impossible de ne point le faire, pour se sauver elle-même.

Dans une situation beaucoup plus dangereuse pour lui, Pastoret sut manœuvrer avec une telle habileté, que là où son ami n'eût récolté qu'une balle de revolver dans le cerveau, il y gagna, lui, la crosse et la mitre, à un âge où d'autres n'ont pas encore pu obtenir une modeste cure de campagne.

Tous les torts furent, ainsi qu'on le voit, du côté de Gervaisis, qui, en rustre qu'il était, ne sut point manœuvrer à propos, ou plutôt se crut de taille à lutter contre sa maîtresse, ne reculant même pas devant une infamie, dont sa conscience de paysan ne comprenait pas toute l'énormité.

Malheureusement pour le pauvre diable, Pastoret eut à ce moment de telles affaires sur les bras pour son propre compte, qu'il n'eut point le loisir de s'occuper des siennes; sans cela, il l'eût certainement dirigé dans une voie différente.

Ce sont ces graves événements qui s'élevèrent parfois jusqu'au tragique, qu'il me reste à conter tels qui se sont passés sous mes yeux.

Je sens le besoin de répéter que ce récit n'est point une œuvre romanesque, et que je ne suis que l'historien fidèle de faits auxquels je n'ai pas même ajouté un épisode; dans ce tableau de la dégradation morale du clergé, j'ai tenu à ne prendre que des exemples *vécus*, sans faire œuvre d'imagination, et si ce livre n'a point l'attrait du roman, où tout est construit d'après un plan logique donnant à chaque partie des valeurs de convention, mais qui en font un tout homogène et artistique, du moins aura-t-il le mérite de la *vérité*, en révélant les vices secrets d'un corps habile à cacher l'infamie de ses membres, et les honteuses plaies morales dont il est rongé.

A ceux qui crieront à la calomnie, je répondrai simplement par cet argument auquel je me suis déjà référé, et que je crois indiscutable :

Le nombre des prêtres qui passent en cour d'assises et en police correctionnelle est déjà fort grand, mais on peut juger par eux des mœurs des autres, quand on songe qu'il faut descendre jusqu'au crime, c'est-à-dire à la séduction des enfants et aux violences, pour être atteint par la loi.

Rien n'est plus vrai que cette parole de Pastoret : « Le prêtre est la *fille de joie* des femmes riches.

. . . .

On se souvient que cette année-là Madame de La Morlange se flattait d'emmener une nombreuse caravane d'invités des deux sexes dans ses terres du Dauphiné, mais il en fut de ce projet comme de beaucoup de ceux que l'on forme et qu'un incident quelconque fait échouer.

La veille du jour où tout le monde devait se mettre en route, la baronne reçut une dépêche de son mari, terrible dans sa concision.

« Différez départ pour La Morlange. — Loup enragé. — Deux de mes meilleurs piqueurs mordus, — les conduis moi-même à Paris pour faire soigner à l'Institut Pasteur. »

Il n'y avait pas à hésiter, la baronne fit prévenir tous ses amis, en leur annonçant qu'ils seraient ultérieurement avertis du nouveau jour qu'elle fixerait, de concert avec le baron, pour le départ.

Le lendemain les malheureux arrivaient avec leur maître et commençaient immédiatement leur traitement.

Cet événement eut pour résultat de brusquer la solution de certaines situations qui étaient dans l'air, et qui, sans cela, eussent encore attendu quelques mois avant d'éclater.

On se souvient que la baronne ne s'était pas absentée, le samedi qui avait suivi le jour de sa liaison avec Gervaisis, mais ça avait été la seule et unique fois qu'elle s'était départie de ses habitudes, les samedis suivants elle était sortie mystérieusement de l'hôtel, à son heure accoutumée, sans dire à personne quel était le but de ses absences.

Longtemps auparavant, alors qu'il n'était encore que diacre, Gervaisis s'était aperçu de ses furtives sorties, mais il se serait bien gardé d'y faire la moindre allusion, dans la position infime où il se trouvait, et en présence surtout d'une femme aussi hautaine que Madame de La Morlange : du reste c'était affaire à son mari, et du moment où il n'y trouvait rien à redire, personne n'avait le droit de s'en occuper.

Quant il fut devenu l'amant en titre de la baronne, il crut tout d'abord que cette dernière avait entièrement renoncé à ces pérégrinations nocturnes, mais lorsqu'il la vit reprendre ses anciennes habitudes, le démon de la jalousie s'empara peu à peu de lui, et il n'eut ni paix ni patience, qu'il lui eut, un beau soir, demandé carrément l'explication de ce mystère.

La baronne le laissa longuement parler sans l'interrompre, car il s'embrouilla dans une foule de circonlocutions, avant d'oser aborder nettement le sujet qui le préoccupait, puis lorsqu'il eut péniblement achevé son petit discours, elle le regarda de cet œil clair et froid qui tant de fois l'avait fait trembler, et lui répondit, en supprimant le tutoiement familier des jours d'abandon :

— Pour peu qu'il vous plaise de ne plus me revoir ici..., mais plus jamais, entendez-vous ? il vous suffira de m'adresser une seconde fois une pareille question.

Et sans écouter les explications de son amant, elle se dégagea de ses bras, et se retira dans ses appartements.

Gervaisis se le tint pour dit, et il ne fut plus question de cela entre eux ; seulement le jeune abbé ne se considéra pas comme battu, il était trop fortement mordu au cœur par le soupçon pour en rester là ; aussi, à part lui, se jura-t-il qu'il aurait sous peu le mot de cette énigme.

A cet effet, il s'arrêta à une idée des plus simples, qui serait nécessairement venue à l'esprit de quiconque se fût trouvé dans sa situation. Il songea d'abord à la suivre, mais il abandonna vite ce projet, du moins dans ce qu'il avait de personnel à lui, quant à l'exécution, et il chargea de ce soin un vieux commissionnaire de la rue Bonaparte, qui faisait toutes ses courses lorsqu'il était à Saint-Sulpice.

Fidèle à sa consigne, le factotum s'embusqua, le samedi suivant, près de l'hôtel de la rue de Varennes, avec un fiacre à l'heure, et, lorsque la baronne sortit, la suivit dans toutes ses pérégrinations.

Ses premières stations, à Saint-Eustache, dans un magasin de nouveautés à plusieurs sorties, puis chez un pâtissier où elle prit une glace et croqua quelques gâteaux, n'étaient évidemment faites que dans le but de dépister toutes les surveillances; elle se fit alors conduire à la barrière de l'École militaire, fit arrêter son véhicule, et gagna à pied une des rues infâmes qui foisonnent dans ce quartier, après s'être retournée plusieurs fois, pour voir si elle était suivie, et, satisfaite sans doute de son examen, elle entra vivement dans une maison composée d'un rez-de-chaussée seulement et garnie de verres dépolis, dont il était facile de deviner l'ignoble destination.

Le commissionnaire entra sur ses talons, après avoir eu soin de mettre sa médaille dans une de ses poches, et arriva juste à temps pour assister à la réception que l'on faisait à la nouvelle venue ; une vingtaine de femmes dépenaillées, avec des voix de chiffonniers, l'entouraient en criant :

— Voilà Caroline ! Comment vas-tu Caroline ? Avec qui montes-tu aujourd'hui, Caroline ?

— Laissez-moi la paix, vous autres, répondit la fausse Caroline.

Puis, promenant un regard circulaire sur les femmes qui l'entouraient, elle fit un geste de désappointement et s'écria, en s'adressant à une vieille mère-abbesse qui accourait au devant d'elle :

— Pas de *nouvelles*, cette semaine, mère Mallard.....? Je ne veux pas de femme, aujourd'hui, allez dire à Jeandel que je l'attends.

— On est ici, ma petite mère, et tout à votre service, répondit une voix du fond de la salle.

Puis le même individu, s'adressant à un groupe d'ouvriers avec lesquels il buvait, continua, en leur montrant la nouvelle venue :

— Cré Dieu ! il va falloir turbiner ferme du goupillon, car avec c'te petite boulotte-là, faut pas l'y en promettre seulement..... Paraîtrait qu'elle est *en maison* de l'autre côté de l'eau, quelque chose de ficellé pour les aristos, rien que vingt ronds le saut ! c'est pas pour nos binettes... Mais Caro, qu'est bonne fille, on dit qu'elle a commencé ici, vient toujours pendant quelques heures avec ses *anciennes*, à chacune de ses *sorties*, et quand ça ne lui dit pas, comme aujourd'hui, c'est *bibi* qui écoppe ! une rude garce allez !... Hé ! Caro, c'est comme ça qu'on s'patine pour venir faire risette à papa, acheva le robuste forgeron, en frappant sur la table un formidable coup de poing, qui ébranla toute la maison.

— Me voilà, M. Jean, me voilà, fit la fausse Caroline, et d'un bond elle vint tomber sur les genoux de l'hercule.

— A la bonne heure, s'écria Jeandel, et du même geste, passant la main sous les jupes de Caro, il les lui releva jusque sous les aisselles, en disant à ses camarades :

— Regardez-moi un peu çà si c'est foutu au pouce ! Ferme comme un marbre, blanc comme du lait, dorés comme une pièce de vingt ronds et frisure de première classe, un vrai caniche, et ce que ça gigotte bien.

— Allons, finissez M. Jean, reprit la belle, en frappant sur ses jupes pour les faire retomber, tout en riant aux éclats.....

— Monsieur Jean ! répéta le forgeron d'un air narquois, est-ce que tu te crois avec tes *gaudinos* de la rue Feydeau, pas de ces manières-là où je cogne, et tu sais si je frappe dur... Appelle-moi Bibi ou ton petit Jeannot, dit *Bois-sans-Soif.*

Un éclat de rire retentissant, auquel prirent part les autres convives, termina cette série de grossières plaisanteries.....

— Oui, répliqua la fausse Caro, je sais comme tu tapes, mais tu sais comme je rends..., et ses yeux étincelèrent pendant quelques secondes d'une singulière lueur...

— Parle pas de ça, fit le colosse qui devint blême, si tu veux que nous soyons bons amis... Regardez c'te cicatrice vous autres, là, au cou, c'est le travail de Mademoiselle, un pouce de plus à gauche et j'avais le gaviot coupé... Si jamais tu recommençais je te tordrais le cou comme à un poulet.

— Si jamais tu recommençais, répliqua la fausse Caroline, je te saignerais comme un porc. Je ne suis pas de ces femmes que l'on bat, entends-tu Jeandel?... Puis, d'un ton impérieux : Je te paye, tu n'as qu'à obéir !

— Oh ! pour çà, c'est pas les *jaunets* qui manquent, à preuve que je ne fouts plus rien depuis que je te connais... Regardez-moi çà, des abattis de commissaire ! et le géant étala des mains à étrangler un bœuf... — Allons, ne te fâche pas, continua-t-il, on gardera ses mornifles... A propos, qué que tu prends?

— Rien ici ! fais monter en haut une bouteille d'absinthe et filons, je n'ai que trois heures à te donner, il faut que je sois rentrée à minuit !

Au fond du jardin se trouvait un petit pavillon qui servait de logement à la maîtresse du lieu : c'est là qu'Athénaïs-Solange de Servières, baronne de La Morlange, venait se vautrer dans la plus crapuleuse débauche, tantôt avec des filles, tantôt avec le forgeron Jeandel...

Le vieux commissionnaire, n'en croyant ni ses yeux ni ses oreilles, se hâta de partir, persuadé qu'il avait suivi une des femmes de service de la baronne, et se hâta de venir rendre compte de sa mission à Gervaisis, qui partagea immédiatement sa conviction.

— La baronne a substitué habilement une de ses suivantes à elle-même, et tu n'y as vu que du feu, mon pauvre François ; n'importe, conduis-moi dans la maison d'où tu viens, je suis curieux de connaître celle de ces demoiselles qui se livre à de pareils ébats.

Gervaisis se hâta de revêtir son costume de sorties nocturnes, il y joignit, pour n'être pas reconnu, une fausse barbe tenant à une perruque confectionnée exprès pour lui par un artiste capillaire, et il suivit son conducteur ; arrivé dans l'établissement, à tout hasard, il renvoya son bonhomme en lui payant grassement son dérangement, et, s'attablant avec des filles, devant un bol de punch, il attendit.

Deux fois il s'échappa pendant quelques instants avec une des vierges folles, car sa nature grossière ne pouvait résister longtemps à l'attrait exhubérant de tous ces seins nus qui ondulaient autour de lui, mais à partir de onze heures et demie, il ne quitta plus son poste.

Moins d'un quart d'heure après, la porte qui donnait sur le jardin s'ouvrit et le malheureux faillit succomber, sous une congestion foudroyante, en voyant apparaître la baronne au bras du colossal forgeron ; fort heureusement pour lui qu'il portait en ce moment son verre plein à ses lèvres, car l'ayant lâché dans sa stupéfiante surprise, les femmes qui l'entouraient, éclaboussées par la bière et les éclats du verre, se levèrent en criant et lui donnèrent ainsi le temps de se remettre.

Il lui fallut un effort surhumain, mais il y parvint, car la honte, la jalousie, le désir de se venger lui rendirent subitement ses forces, et, sans calculer la portée de l'acte qu'il allait commettre, il arracha subitement barbe et perruque, et se plantant devant la baronne qui n'avait pas pris garde à lui, il lui dit avec un calme effrayant et d'un ton qui n'admettait pas de réplique :

— Prenez mon bras, Madame..., vous allez rentrer à l'instant...

— Que signifie cette plais.....

Le dernier mot expira sur les lèvres de Madame de La Morlange, elle venait de reconnaître Gervaisis.

— De quoi ! de quoi ! fit le forgeron, en passant au milieu d'eux, bas la patte mon bonhomme, ou je cogne...

— Malheur à toi, si tu bronches, répliqua Gervaisis en tirant de sa poche un revolver.

— Ah ! tu crois que j'ai peur de ta manivelle, répondit Jeandel avec un rire méprisant, et prenant une chaise en guise de bouclier, il allait la lancer sur Gervaisis, lorsque la baronne l'arrêta d'un geste.

Elle venait de songer aux conséquences d'une rixe dans un pareil lieu, descente de police, arrestation des combattants et d'elle-même, enquête, etc... c'était sa perte. Ah ! si elle avait pu faire assommer Gervaisis par Jeandel, dans quelque ruelle déserte ! Impossible pour le moment. — Elle se résigna.

— Ne touche pas à cet homme, fit-elle au forgeron, il a des droits sur moi.

— Des droits, qué que c'est que ça ?

— Oui ! le droit de celui qui achète..., il a

payé ma nuit à la maison, je lui appartiens jusqu'à demain.

— Dans ce cas, répondit le géant radouci,... sans rancune, Monsieur, je viens de lui flanquer un solide à-compte, mais il en reste encore, et puis c'est comme les serrures qu'on graisse, ça marche mieux après.

Et il tendit la main à Gervaisis qui le toisa dédaigneusement.

— Votre bras, Monsieur, fit la baronne au prêtre, pour éviter une nouvelle altercation.

Ils sortirent.

— Au revoir, ma petite Caro, cria le géant, au moment où elle gagnait la rue.

Gervaisis tressaillit, mais ne répondit rien...

La baronne grinçait des dents, mais restait muette.

A peine eurent-ils faits quelques pas au dehors, qu'elle arracha violemment son bras de celui de son amant.

Ils marchèrent ainsi, silencieux, jusqu'au fiacre de la baronne, Gervaisis avait renvoyé le sien.

— Au coin de la rue du Bac et de la rue de Varennes !

Et la voiture roula dans la direction indiquée.

Au bout de vingt minutes, ils étaient arrivés ; ils n'avaient pas échangé une seule parole.

Ils firent les cent mètres qui les séparaient de l'hôtel ; avant d'y atteindre, Gervaisis voulut rompre la glace...

— Madame ! fit-il avec effort.

On ne lui répondit rien.

— M'entendez-vous ?

Même jeu.

— Solange !

— !!!

— Il faut cependant, après l'événement de ce soir !

La baronne venait d'ouvrir la petite porte de service, elle la referma sur elle et Gervaisis resta seul dans la rue.

—Elle va me faire chasser comme un laquais, pensa le malheureux, tout tremblant d'émotion, de colère, de rage impuissante.

Puis, tout à coup, prenant son parti :

— Oh! nous verrons bien, si elle veut la lutte, elle l'aura, j'ai des preuves, et malheur à elle.

Et s'avançant délibérément vers la grande porte, il sonna.

— Il n'y a rien pour moi, demanda-t-il au concierge, s'attendant à recevoir l'ordre de déguerpir.

— Rien, Monsieur Gervaisis, répondit l'obséquieux personnage, en le saluant jusqu'à terre.

Un peu réconforté, Gervaisis monta.

— Elle n'oserait pas! pensa-t-il.

Il réfléchit pendant longtemps sur ce qu'il devait faire, mais son esprit ne lui suggérait rien.

Il ressentait une immense douleur au cœur, car il aimait cette femme comme un fou, plus avec ses sens qu'avec son âme, sans doute, mais il aimait, selon sa nature, et il lui avait donné tout ce qu'il pouvait.

— Quel abîme de corruption que la femme, murmurait-il sans cesse. Raisonnement singulier que tous les hommes tiennent en pareille occasion. Un prêtre se rend sacrilège en violant tous ses serments, il manque aux sentiments d'honneur les plus vulgaires en partageant la faute d'une femme qu'il ravit à son mari.

Un ami porte le désordre dans le ménage de son ami le plus cher.

Un frère séduit la femme de son frère... Et il arrive fatalement une heure où tous sont trompés à leur tour... et tous de s'écrier :

— Quel abîme de corruption que la femme !

Il semblerait, oubliant leur propre turpitude, que la femme tombée doit s'arrêter sur la route où ils l'accompagnent eux-mêmes, et qu'elle doit pratiquer avec eux des vertus qu'elle a dédaignées avec l'homme que sa volonté tout au moins, sinon son cœur, avait choisi.

Non ! la vérité *vraie*, la seule est celle-ci :

— Quel abîme de corruption que l'espèce humaine !

N'est-il pas singulier de voir l'amant exiger toujours une fidélité qu'il a contribué à détruire?

Pendant toute la nuit, Gervaisis attendit : Quoi? il ne le savait pas lui-même, mais il lui semblait que la baronne ne laisserait point s'écouler cette nuit tout entière, sans tenter une explication de sa conduite.

Il n'en fut rien, et le jour, en se levant, trouva le pauvre abbé assis sur son lit, désespéré, et pleurant comme un enfant.

Il se fit excuser et de toute la journée n'osa descendre aux heures des repas.

— Ce sera pour la nuit prochaine, se dit le malheureux, elle ne voudra pas me laisser mourir de douleur.

Si Gervaisis eût mieux connu sa maîtresse, il eût perdu tout espoir.

Solange de Servières avait perdu sa mère en bas-âge, et son père, officier aux gardes du roi, viveur, libertin et joueur, avait abandonné sa fille aux mains d'une gouvernante qui, autrefois, sa maîtresse, continuait à diriger son intérieur; Cette femme, âgée de trente ans à cette époquer était un assemblage des vices les plus monstrueux; elle commença par dépraver, pour son plaisir, l'enfant confiée à ses soins, l'initiant aux pratiques les plus obscènes et développant peu à peu ses sens par de lubriques caresses.

Elle en arriva, car elle avait tous les vices, tantôt à la conduire à de petites réunions de femmes qui pratiquaient ensemble le culte de Lesbos, tantôt à la rendre témoin, dans son propre lit, de ses relations avec son amant; il arriva un beau jour que ce dernier voulut avoir l'enfant, et la mégère, dans une sorte de folie érotique, la lui livra, pour se procurer le plaisir d'assister à leurs embrassements.

Solange avait alors douze ans, mais elle était aussi forte et aussi développée qu'une jeune fille de trois ou quatre ans plus âgée.

Peu à peu, elle prit goût à ces ignobles plaisirs, et tout lui fut bon, hommes ou femmes, à l'exemple de son sinistre professeur.

Une dernière aventure vint mettre le sceau à toutes ces infâmies.

Cette gouvernante, qui eût dû être marquée au fer rouge et enfermée à vie, comme on faisait autrefois à ceux ou à celles qui corrompaient l'enfance, avait une parente qui tenait une maison infâme, dans un des quartiers excentriques de Paris, et chez qui elle allait de temps à autre passer ses soirées. Solange, déjà perdue de vices, voulut savoir où cette femme se rendait de temps à autre, et quand ce secret fut connu d'elle, il arriva ce qui était infaillible, que le désir lui vint d'accompagner sa gouvernante dans ses infâmes visites.

Marion, c'était le nom que le marquis de Servières avait donné à cette femme, résista longtemps, plus frappée sans doute de la gravité de ce dernier acte, que par celle des autres, mais elle finit par y consentir et on devine ce qui arriva ; les femmes d'abord, les habitués du lieu ensuite, à qui une indiscrétion avait révélé la qualité de la jeune fille, tous voulurent goûter de la petite marquise, comme on l'appelait, et cette dernière, à qui cette vie plaisait de plus en plus, ne manquait pas de suivre la Marion, chaque fois qu'elle se rendait dans cette infâme maison.

Solange avait dix-sept ans, lorsque cette femme vint à mourir, mais le pli était pris, des habitudes invétérées avaient été contractées par la fille du marquis, qui devaient la suivre et s'imposer à elle pour le restant de ses jours.

A ce moment, elle comprit sans doute la gravité des vices qu'on lui avait inculqués, car elle s'appliqua si bien à mettre sur son visage un masque d'innocence et de chasteté naïve, qu'elle trompait tous ceux qui l'approchaient, seulement toutes les femmes ou filles qui arrivaient à son intimité ne sortaient de ses mains que corrompues et adonnées aux pratiques lesbiennes.

Elle continua, pour ses plaisirs, ses visites dans l'infâme maison; seulement, elle se garda bien d'en faire la confidence à aucune des jeunes filles de son monde qu'elle fréquentait et avait pétries à son image, elle sentait d'instinct que des caresses entre elles seraient aisément pardonnées si elles étaient découvertes, mais qu'il n'en serait pas de même si elle venait à entraîner plus loin ses jeunes compagnes.

Une fois mariée, elle rompit avec ces infâmes habitudes, mais dans son monde seulement, se réservant une soirée par semaine pour se rendre chez la parente de son ancienne gouvernante ; à dater de ce moment elle s'était composé, pour le dehors, ce masque de froide chasteté qui en imposait si fort à tous ceux qui l'approchaient.

C'est ce passé honteux que Gervaisis ignorait, sans cela il n'eût conservé aucun espoir.

Si Pastoret eût été près de lui, ses conseils l'eussent sauvé peut-être ; réduit à ses seules forces, il devait succomber.

Le troisième jour de cette aventure, la baronne le fit appeler au salon. Elle avait pris soin qu'il n'y eût personne à l'hôtel, hors ceux qui devaient s'y trouver pour agir selon les cas.

Elle le reçut en souriant, et le pauvre garçon eut un moment d'espoir.

— Monsieur Gervaisis, lui dit-elle, en lui indiquant un siège, depuis quelque temps, votre santé nous inquiète fort, mon mari et moi. Nous avons consulté notre médecin, qui a pensé que la campagne pouvait seule vous sauver. Dans ces circonstances, il n'y avait pas à hésiter, nous nous sommes adressés à Monseigneur qui n'a rien à nous refuser, et j'ai le plaisir de vous annoncer que vous êtes nommé curé à Cormeilles, votre pays natal, je crois, pour prendre possession de suite du siège qui est vacant.

Vous n'avez donc que le temps d'aller remercier Monseigneur et de vous rendre...

— Non Madame.., je n'ai que le temps de quitter votre hôtel, et ce sera fait dans cinq minutes, interrompit Gervaisis ; pour ce qui est de ma conduite ultérieure, étant maître de mes actions, je ne prendrai conseil pour agir, que de mes intérêts et surtout des événements qui pourront se produire...

— Pauvre jeune homme, fit la comtesse, pensive.., on m'avait bien dit qu'il déraisonnait depuis quatre ou cinq jours, mais je ne voulais pas y croire.....; il faut bien se rendre à l'évidence. Adieu, mon pauvre Monsieur Gervaisis, je pense que vous viendrez nous voir, lorsque vous serez guéri.

Et se levant sur ces paroles, elle le quitta, en lui adressant le plus charmant des sourires.

Le malheureux, littéralement abruti, n'avait pas même eu le temps de chercher à rassembler ses pensées que la porte s'ouvrit de nouveau et quatre hommes se jetèrent sur lui et l'emportèrent, après l'avoir ligoté et bâillonné, malgré ses cris.

Une heure après, l'abbé Gervaisis était enfermé dans un cabanon de Bicêtre.

ÉPILOGUE

Dix ans se sont écoulés !

Gervaisis que l'on avait au début enfermé dans un cabanon, avec la camisole de force, pour le rappeler au calme de l'impuissance, s'était peu à peu apaisé !...

Il avait fini par comprendre qu'il deviendrait réellement fou, à vouloir tenter cette lutte impossible de l'intelligence contre la force brutale....

On l'avait alors graduellement récompensé de sa soumission, par une foule de concessions compatibles avec le règlement... Il habitait une chambre relativement confortable où il pouvait lire, travailler, se reposer, vivre, en un mot, selon ses goûts. Il pouvait se promener dans toutes les dépendances, jardins, parc, aller quand bon lui semblait à la bibliothèque, à la salle des jeux...; mais tout cela n'était pas la liberté, il ne pouvait, ni sortir de l'établissement, ni écrire, ni recevoir des lettres..., le monde n'existait plus pour lui.

Souvent il avait essayé d'interroger le directeur qui le faisait venir parfois, pour faire sa partie d'échec, mais à toutes ses questions, ce dernier répondait par un simple signe de tête négatif, et le pauvre Gervaisis en était pour son infructueuse tentative.

Devait-il donc mourir là, et la haine de Mᵐᵉ de La Morlange était-elle assez puissante, pour le maintenir jusqu'à la fin de ses jours, dans ce tombeau vivant.

Dans tous les cas, il paraissait oublié de tous ceux qui l'avaient connu, et Pastoret lui-même semblait n'avoir pas fait la moindre tentative pour se procurer de ses nouvelles.

Peut-être était-il possible également que son

sort n'eût pas été connu de ceux qui pouvaient s'intéresser à lui.

Il arrivait assez fréquemment qu'un des gardiens se mettait en hâte à la recherche de Gervaisis, et partout où il le rencontrait, il lui intimait l'ordre de le suivre, et l'entraînait dans une sorte de sous-sol qui servait en apparence de dépôt aux outils des jardiniers, et dans lequel s'ouvrait une sorte de réduit secret, où le malheureux était, sans motifs apparents, enfermé pendant quelques heures.

Puis on lui rendait la liberté, sans autre explication.

Gervaisis finit par comprendre que l'on agissait ainsi, pour le soustraire à l'examen des commissions d'inspection, ou de quelque visiteur de marque.

Un jour cependant, cette situation prit fin, aussi brusquement qu'elle avait commencé ; le malheureux interné fut appelé chez le directeur qui lui dit, sans autre préambule.

— Voulez-vous signer ce papier par lequel

vous vous engagez à passer en Angleterre ou aux Etats-Unis, en abandonnant tout esprit de retour, et vous êtes libre.

Gervaisis signa des deux mains, et comme il relevait la tête pour demander des explications, il ne put retenir un cri de joie, le directeur avait disparu, et son ami Pastoret se trouvait devant lui.

Quelques instants après, tous deux roulaient en fiacre vers la gare du Nord.

La joie du pauvre reclus avait été telle, qu'il n'avait point remarqué tout d'abord, le liseré violet qui bordait la soutane de son ami, non plus que le ruban rouge qui ornait une de ses boutonnières.

— Oh! oh! fit-il à Pastoret, en s'en apercevant, j'espère que tu as marché, pendant ma captivité... : te voilà évêque... *in partibus*... sans doute.

— Non, mon cher, répondit l'interpellé, je n'ai jamais eu de goût pour les titres purement honorifiques, mon diocèse existe parfaitement, bien plus il est en France et assez près de Paris pour que je vienne de temps à autre m'y retremper le cœur et l'intelligence.

— Veinard ! soupira Gervaisis, comme tu as su bien mener ta barque...! je sors d'une maison d'aliénés, et je te retrouve évêque !

— Si tu avais voulu m'écouter, rien de ce que tu as souffert ne te serait arrivé !

— Bast ! ne parlons plus de cela, tu me l'as dit vingt fois, c'est toujours la femme qui cause la perte du prêtre..., mais à ce propos, qu'est devenue ta liaison avec la jeune Madeleine ?...

— Elle a failli me faire tomber dans le bourbier, moi aussi...

— Toi, si habile ?

— N'empêche que j'ai frisé la Cour d'assises de l'épaisseur d'un cheveu ; au bout de quelques mois de relations, Madeleine devint enceinte, la chère enfant ne se doutait pas de son état, mais certaines indispositions ayant nécessité la venue du médecin, ce dernier révéla tout à la famille ; tu dois juger de l'éclat terrible qui se produisit. Le père voulut à toute force connaître le nom du séducteur, si la jeune fille eut parlé, j'étais perdu... Abus de mon ministère, détournement de mineure, outrage à la pudeur, etc..., tout s'y trouvait, et j'en avais pour vingt ans à Cayenne ou à Nouméa..., sans compter que le père m'eût préalablement, sans doute, brûlée la cervelle... Mais Madeleine tint bon, ni prières, ni menaces ne purent lui arracher un mot, de guerre lasse, la famille finit par s'adresser à moi, le confesseur, non pour me faire violer le secret que je pouvais connaître, mais afin de me demander de sauver son honneur et celui de sa fille, en consentant à me charger secrètement de l'enfant qui allait naître. On ne pouvait, tu en conviendras, mieux s'adresser. J'acceptai, et de là est venue ma fortune, la faute de Madeleine ne fut connue de personne, et j'élevai l'enfant qui passa pour mon neveu.

« Je n'eus plus qu'à me laisser porter ; grâce

aux puissantes alliances de cette famille, je devins successivement chapelain de Ste-Geneviève, prédicateur à Notre-Dame, camérier du pape, et enfin évêque... C'est alors que j'ai voulu savoir où tu pouvais bien être, et qu'après avoir découvert le lieu de ton internement, je n'ai plus eu ni paix, ni patience que je n'aie obtenu ton élargissement.

— Je te remercie du plus profond de mon cœur de ce que tu as fait pour moi, mais ne parlant pas la langue du pays, comment pourrais-je vivre en Angleterre ?

— On te fait douze cents francs de pension.

— Qui? Mme de la Morlange !

— Mme de la Morlange n'est plus à Paris, et, du reste, je ne puis répondre à cette question... Voici la lettre qui t'accrédite, tu toucheras mensuellement chez Baring Brothers and C°, un des plus riches banquiers de la cité... Mais la machine siffle au départ, permets-moi de te quitter, ma mission est accomplie, ne cherche pas à revenir de Londres : non seulement ta pension te serait supprimée, mais encore tu pourrais bien retourner d'où tu sors.

— Sois sans crainte, je tiendrai fidèlement ma promesse..., te reverrai-je un jour ?

— Quand je serai cardinal.

— Oh ! alors, je suis certain que cette entrevue ne sera pas la dernière, car c'est surtout dans l'Eglise que l'hypocrisie, l'intrigue et le savoir-faire conduisent aux plus hautes dignités.

— Merci !

— Il n'y a pas de quoi ! ainsi que tu me répondais autrefois..., le train part, au revoir, fit Gervaisis, en montant dans un compartiment de troisième classe.

— Adieu ! répondit l'évêque, les lèvres plissées d'un énigmatique sourire...

C'était lui qui avait fait sortir son ancien ami de Bicêtre, car depuis qu'il avait reçu la crosse et la mitre, il craignait toujours quelque indiscrétion du fils du paysan de Cormeilles en Parisis.

La prédiction du proscrit ne tardera pas à se réaliser... Monseigneur Pastoret s'attend tous les jours à recevoir la barrette cardinalice, car c'est un des prélats les mieux notés, dans l'Église... et par le gouvernement...

FIN

TABLE DES MATIÈRES

		Pages
I.	Gervaisis et Pastoret	1
II.	L'amour au confessionnal	74
III.	La nuit de noces d'un prêtre	139
IV.	La messe d'amour	240
V.	Le secret de la baronne	267
VI.	Épilogue	294

Châteauroux. — Typ. et Stéréotyp. A. MAJESTÉ.

www.ingramcontent.com/pod-product-compliance
Lightning Source LLC
Chambersburg PA
CBHW071246160426